De las fuerzas mágicas de la naturaleza

Karl von Eckartshausen

De las fuerzas mágicas de la naturaleza

EDICIONES OBELISCO

Si este libro le ha interesado y desea que le mantengamos informado
de nuestras publicaciones, escríbanos indicándonos qué temas son de su interés
(Astrología, Autoayuda, Psicología, Artes Marciales, Naturismo, Espiritualidad,
Tradición…) y gustosamente le complaceremos.

Puede consultar nuestro catálogo en www.edicionesobelisco.com

Colección Biblioteca esotérica
DE LAS FUERZAS MÁGICAS DE LA NATURALEZA
Karl von Eckartshausen

1.ª edición: marzo de 2025

Título original: *Ueber die Zauberkräfte der Natur*

Traducción: *J. J. Navarro Arisa*
Corrección: *Elena Morilla*
Diseño de cubierta: *Carol Briceño*

©2025, Ediciones Obelisco, S. L.
(Reservados los derechos para la presente edición)

Edita: Ediciones Obelisco, S. L.
Collita, 23-25. Pol. Ind. Molí de la Bastida
08191 Rubí - Barcelona - España
Tel. 93 309 85 25
E-mail: info@edicionesobelisco.com

ISBN: 978-84-1172-242-1
DL B 19675-2024

Printed in India

Ueber die
Zauberkräfte der Natur.

Eine

freie Uebersetzung eines Egyptischen Manuscripts in coptischer Sprache.

Mit einem Anhange eines aus magischen Cha-
racteren entzifferten Manuscripts.

Ein nachgelassenes Werk

von

dem Hofrath von Eckartshausen.

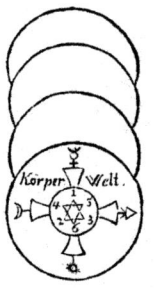

München, 1819.
Bei Joseph Lindauer.

PRÓLOGO

«Hacer magia no es otra cosa que fecundar el mundo».

Pico della Mirandola

Karl von Eckartshausen, autor de *La Nube sobre el santuario*[1] y de las fuerzas mágicas de la naturaleza, nació en el castillo de Haimhausen (Baviera) el 28 de junio de 1752, y murió en Múnich el 13 de mayo de 1803.[2] Hijo ilegítimo del conde Karl von Haimhausen y de Maria Anna Eckart, la hija de su intendente, llevaría el nombre de su padre y un apellido inventado que reúne los apellidos paterno y materno: Eckartshausen. Tras una infancia bastante desgraciada y a causa de su nacimiento poco convencional, el joven Karl Eckartshausen no sería ennoblecido hasta finalizar sus estudios universitarios, pudiendo llamarse en lo sucesivo Karl von Eckartshausen.

---

1. Existen, al menos, tres traducciones españolas distintas de este texto extraordinario. Recomendamos la de Joan Mateu i Rotger, *La Nube sobre el santuario, cartas metafísicas*, Ediciones Obelisco, Barcelona, 2004.

2. Todos estos datos biográficos han sido tomados del excelente trabajo de Antoine Faivre, *Eckartshausen et la Théosophie Chrétienne*, Ed. Klincksieck, París, 1969. Se trata, sin lugar a dudas, del mejor libro que se ha escrito sobre el teósofo alemán.

Nuestro autor, que recibió una educación muy esmerada y siguió con provecho sus estudios, llegaría a ser uno de los escritores más fecundos de toda Alemania y una de las figuras más importantes, si no la más, de la teosofía cristiana. Dotado de una sensibilidad fuera de lo común, su vida se vio influenciada desde su más tierna infancia por lo mágico, por lo sobrenatural. Sabemos que, a partir de los siete años, tuvo sueños y experiencias muy importantes para su vida interior, cuya interpretación le sería proporcionada por sueños posteriores. Como escribiría él mismo en una carta a otro gran teósofo, Kirshberger, «la luz que brilla en las tinieblas me proporciona el conocimiento de las cosas ocultas». La luz será precisamente una de sus obsesiones, a la que dedicará opúsculos enteros.[3] En *La Nube sobre el santuario*[4] nos explica que «así como la luz exterior nos ilumina por el camino de nuestra peregrinación, la luz interior nos ilumina por el camino de la salvación». Podemos, pues, hablar de una «teosofía de la Luz», incluso de una «filosofía de la luz», basada en su experiencia y en su contacto con la realidad trascendente.

En el texto que presentamos, Eckartshausen afirma categóricamente que «mediante la luz hallará el mago sabiduría y fuerza» y que «la luz que conocemos en este mundo caído es sólo un reflejo, un préstamo de los sentidos y puede conducir al conocimiento o a la ciencia, pero nunca a la sabiduría». Para Eckartshausen, «la luz física percibida por el hombre no es la verdadera luz, sino únicamente un sím-

---

3. *Die neuesten Entdeckungen über Licht*, Warme und Feuer, Múnich, 1798.
4. *La nube…*, *op. cit.* p. 13.

bolo de nuestra patria celeste». En 1770, Eckartshausen se matriculó en la Universidad de Ingolstadt, dirigida por los jesuitas, donde permaneció unos tres años. En 1774, tras unos estudios particularmente brillantes, obtuvo el *Absolutorium*. En 1776, seguramente gracias a las influencias de la familia paterna (su padre era consejero privado del príncipe elector), obtiene el puesto honorífico, pero escasamente remunerado, de consejero áulico, estrechamente relacionado con las actividades de tipo jurídico a las que se dedicaría a partir de 1779. En este mismo año se casó con Genoveva Quiquérez, de oscuro origen, que fallecería al cabo de dos años. En 1781 se casó de nuevo, con Gabriela von Wolter, hija de Johann Anton von Wolter, médico personal del príncipe elector, Karl Theodor, y director de la facultad de Medicina de la Universidad de Ingolstadt. Al poco tiempo nació el fruto de este matrimonio, Sophia Teresia Gabriela.

En 1777, Eckartshausen fue admitido en la Academia de las Ciencias de Múnich, de la que fue miembro asiduo hasta el año 1800, y donde pronunciaría un gran número de conferencias. El director de la sección histórica de dicha academia, Ferdinand von Sterzinger, se interesaba, como nuestro autor, por la magia y los fenómenos ocultos. En esta misma academia realizaría toda una serie de experimentos físicos y alquímicos que influyeron de un modo decisivo en sus obras. Entre 1780 y 1783, nuestro autor se consagró especialmente a su trabajo como jurista, en el que intentó plasmar sus ideales humanitarios, especializándose en criminología. Como escribe su biógrafo, Antoine Faivre: «Estas actividades lo influencian profundamente; en vez de endurecer su corazón, desarrollan su piedad, hacen de él un defensor de los débiles y de los oprimidos».[5] Su producción literaria de aquella época estuvo estrechamente vinculada con su trabajo. Uno de los muchos opúsculos que por aquel entonces puso en letras de molde llevaba por título *De los orígenes de los delitos y de la posibilidad de evitarlos.* En 1780, Eckartshausen ingresó en el Colegio de la Censura y, a partir de entonces, trabajando como censor, se encargaría especialmente de la revisión de obras sobre derecho y literatura. Unos tres años después, la Corte le ofreció el puesto de archivista secreto, empleo bien remunerado que, si bien le solucionaría sus problemas económicos, le atraería no pocas envidias. En 1786 publicó una obra de carácter técnico titulada *De la organización práctica y sistemática de los archivos principescos en general.* Su trabajo como censor y como archivista, al que dedicaría la mayor parte de su tiempo, le permitió sin embargo leer muchísimo y enriquecerse culturalmente. A partir de 1788, año en que publicó unas *Aclaraciones sobre la magia* que tendremos ocasión de citar varias veces en este trabajo, la producción literaria de nuestro autor se centró sobre todo en tema esotéricos. Sin embargo, el teatro ocuparía un lugar preeminente dentro de su obra; escribió, publicó y estrenó con cierto éxito varias obras de este género. Al mismo tiempo que persigue una búsqueda de tipo filosófico o especulativo, Eckartshausen se entrega también a experimentos de tipo práctico en campos como la física o la alquimia. En 1798, por ejemplo, publicó un tratado sobre *Los descubrimientos más recientes sobre el calor y el fuego,* que le supuso dos años de experien-

---

5. *Eckartshausen, op. cit.*, p. 53

14

cias prácticas. En 1799 publicó un artículo que no se atrevió a firmar, en el que pretendía reducir todas las ciencias a un principio universal «que permite descubrir en todas las artes y todas las ciencias lo que hasta entonces sólo había sido considerado como el efecto del azar». En este escrito, Eckartshausen demuestra que el principio de la materia es indivisible e incorruptible. Para él, todos los fenómenos de la naturaleza se producen por síntesis y análisis de la luz. La sombra también es materia real, susceptible de ser concentrada hasta volverse palpable.

En el tratado que hoy presentamos, asegura que «la oscuridad y la luz son verdaderas sustancias». Unos años antes, había construido una máquina que permitía relacionar los olores con los colores, gracias a la cual descubrió que existía una analogía entre los colores, las ideas, los olores y las pasiones. Tanto esta máquina como sus investigaciones en este campo le traerían también problemas y enemistades, ya que se pretendió que «quería introducir en la Academia cuestiones de teosofía y de cábala». Poco después, publicó otro polémico artículo titulado *Nuevos descubrimientos sobre la incorruptibilidad de las cosas, la conservación y la perpetuación de los seres,* en el que afirma ser capaz de aislar la materia luminosa de los cuerpos. Con todo, la obra más famosa de Karl von Eckartshausen no aparecerá hasta un año antes de la muerte de nuestro autor: *La Nube sobre el santuario o algo que nos sospecha la orgullosa filosofía de nuestro siglo,* que alcanzaría un gran éxito y pronto sería reeditada y traducida a varios idiomas.

Hasta aquí hemos visto a grandes rasgos cómo era el personaje exterior, público. Sin embargo, al menos a nues-

tros ojos, el realmente importante es el Eckartshausen secreto, el miembro de la Comunidad luminosa de Dios, la
«Escuela Interior dispersa por todo el mundo, pero gober-
nada por una verdad y unida por un espíritu».[6] De ésta,
obviamente, no se puede hablar sino desde dentro: pero lo
que queramos averiguar del Eckartshausen secreto y de la
Escuela Interior lo hallaremos en sus obras.

Reconocemos que es difícil, con los pocos datos que hemos dado, hacerse una idea de la extraordinaria importancia de nuestro autor. Quizá podamos suplir esta falta repa-
sando algunas de las ideas principales que nos ha dejado en
sus escritos. Eckartshausen es un espíritu inquieto, a quien
todo le interesa: ha escrito poesía, teatro, novela y ensayo.
Con toda certeza, él mismo tradujo, al menos parcialmente, muchos de los textos en los que basa sus especulaciones.
En sus numerosos ensayos, nuestro autor desarrolla un
complejo sistema cosmogónico, escribe páginas admirables
sobre Dios y el hombre, se interesa por el mundo de los
espíritus y no se avergüenza de confesar que está en contacto con ellos y que les debe no pocas inspiraciones. Por
otra parte, también nos avisa de los peligros que comporta
este tipo de comercio. Con todo, lo que realmente le interesa a Eckartshausen, su gran preocupación, es la religión.
En *La nube sobre el santuario*[7] escribe que «la religión está
destinada a reunir en él (el templo) al hombre con Dios»
y en el texto que presentamos «la religión consiste en este
único y gran misterio de la redención, que se nos revela de

---

6. *Eckartshausen, op. cit.* p. 38.
7. *Eckartshausen, op. cit.* p. 54.

una manera meramente simbólica en todas las ceremonias y representaciones religiosas».

La abrumadora erudición de nuestro autor abarca todas las disciplinas, profanas o esotéricas, y su pluma toca brillantemente casi todos los temas. En *De las fuerzas mágicas de la naturaleza* cita profusamente las Sagradas Escrituras y se apoya constantemente en ellas.[8] Comienza presentándonos un tema apasionante para muchos como es la magia para acabar hablando del que realmente le interesa: la religión, como si la verdadera finalidad de este libro fuera revelarnos los arcanos de esta última. Nuestro autor cita a Bacon de Verulamio, que afirmaba que «sólo un filósofo superficial se permite despreciar la religión». Eckartshausen escribió este breve tratado para mostrar a quienes buscan la verdad que existe una completa armonía entre lo espiritual y lo físico. La traducción que ofrecemos, realizada a partir del texto original alemán, es la única que conocemos. ¡Ojalá anime a que se traduzcan a nuestro idioma otros textos del gran teósofo alemán!

---

8. En sus *Noches místicas*, p. 269, Múnich, 1791, Eckartshausen escribe que «la regeneración es Ia transformación del hombre-animal en hombre-espíritu», recuperándose así la dignidad perdida y que «la revelación nos ayuda a reencontrarla».

17

Karl von Eckartshausen y la magia

El lenguaje del texto que presentamos es un lenguaje muy técnico, difícilmente comprensible para el profano, pero que impactará al buscador sincero por su sencillez e inspiración. Nuestro autor tiene un punto de vista muy particular de la magia, una visión que no parece pertenecer a ninguna escuela en concreto. Para él, la magia es, ante todo, una fuerza. Una fuerza que tiene su efecto en el interior de los seres y que funciona por atracción, por afinidad, por simpatía, permitiendo manifestar lo interior en el mundo exterior. Pero, al mismo tiempo, la magia es «una obra interior en la que se pone en juego lo natural y lo sobrenatural» y «a cada operación mágica le corresponde un previo despertar del espíritu».[9] La acción de la magia es posible gracias al más fino y sutil de los aires, el éter. Éste es, declara nuestro autor, el mayor misterio de la magia natural: «El éter es como un espejo donde se refleja todo». Contemplándolo, el mago tiene acceso a la omnisciencia. Este «Ser de todos los seres», como le llama Eckartshausen, es «una fuerza circular que actúa en siete facetas, cada una de las cuales remite a la otra…». Podríase decir que el éter es la fuerza que mueve las fuerzas, el espíritu astral que está por encima y en situación de analogía con las siete fuerzas astrales, las fuerzas invisibles de la naturaleza. Estas fuerzas astrales dependen de una capacidad humana que es la imaginación creativa, capacidad de orden trascendente que no hay que confundir

---

9. En sus *Aclaraciones sobre la magia*, IV-99, Múnich, 1788, nuestro autor opina que «el espíritu de Dios en un alma regenerada, ésa es la verdadera magia».

con la fantasía o la alucinación. Esta capacidad no se puede desarrollar mediante la ingestión de drogas o narcóticos; antes al contrario, estos pueden influir nocivamente sobre ella. La imaginación creativa es una *Einbildungskraft*, o sea, «una facultad capaz de crear una imagen a partir de otras, de asimilar, de unir...». El mago trabaja sobre esta imaginación creativa a través del deseo. Éste es, en cierto modo, la simiente del objeto deseado. Si esta simiente es plantada en la tierra conveniente y es oportunamente regada, el mago obtendrá el fruto deseado. Pero, por regla general, el hombre común sólo desea de un modo inconsciente, sin tener una idea clara y precisa de aquello hacia lo que aspira, y más que deseo, sus anhelos deberías llamarse «capricho». La voluntad es algo que el hombre ha perdido, al menos parcialmente, con la caída, pero que puede ir recuperando. «El espíritu astral está sujeto a la voluntad del ser humano y puede hacerse activo y tangible mediante la voluntad humana». Más de un autor ocultista de nuestro siglo ha comparado la magia con los aparatos de radio, con frecuencias, sintonías, etc. Eckartshausen nos explica que «el espíritu astral está sujeto a la voluntad del ser humano y puede hacerse activo y tangible mediante la voluntad humana».

Macrocosmos y microcosmos

Para Eckartshausen, todo lo visible está íntimamente ligado con lo invisible por leyes eternas, pues ambos constituyen una cadena única, por lo cual, en la pura inteligencia suprema no hay ni «arriba» ni «abajo», ni «dentro» ni «fuera». Nuestro autor coincide con otros teósofos cristianos como Boehme, para quien «los seres vivos imitan en su estructura al mundo astral en su totalidad: lo que está arriba es como lo que está abajo». Todas las cosas están ligadas entre sí por lazos invisibles e inevidentes. Incluso la más pequeña tiene su importancia, ya que está en relación con el todo. El cambio más pequeño puede producir los mayores trastornos: en esto radican la efectividad y el peligro de la magia. «El mundo visible, con todas sus criaturas, no es más que la figura del mundo invisible; lo exterior es la signatura de lo interior [...]. Lo interior trabaja constantemente para manifestarse en el exterior». Los espíritus de la naturaleza obedecen a la voluntad del mago porque «macrocosmos y microcosmos están unidos». «Todo lo que está en el interior, así como la manera en que actúa, se manifiesta en el exterior». En todos ellos sus concepciones coinciden sorprendentemente con diversos descubrimientos de la física cuántica, particularmente el denominado «efecto mariposa».

La humildad y los símbolos

El estudio de los símbolos es indispensable en magia, dada la armonía existente entre los seres y las cosas de los tres mundos. Según nuestro autor, el estudio de los símbolos permite comprender con el corazón lo que podría estar vedado a la orgullosa inteligencia. «El cuerpo humano –opina Eckartshausen– nos proporciona ejemplos preciosos de una analogía no sólo poética, sino real y fundada sobre los hechos: el hombre que sube por una cuesta, inclina la cabeza hacia abajo. Aquel que desciende, por el contrario, la levanta. Esto significa que la humildad es necesaria para aquel que quiere subir y que el orgulloso realiza lo contrario de un progreso».[10]

El hombre puede alcanzar el conocimiento de las verdades superiores gracias a los símbolos de este mundo, pues el cuerpo visible es el símbolo o la sombra de uno invisible. El hombre es un microcosmos que está en relación exacta con el espíritu del macrocosmos. «Toda forma es la letra viva de un alfabeto; en la naturaleza podemos leer como en un libro abierto el amor, la verdad y la sabiduría de Dios». La lectura de los símbolos nos elevará hasta las formas primordiales de esta escritura, pero el acceso a la comprensión de los símbolos, vedado a la orgullosa inteligencia, es sobre todo un camino del corazón.

---

10. *Aclaraciones sobre la magia*, op. cit., IV-378.

Adán: El hombre

Una parte importantísima del pensamiento de Eckartshausen parece centrarse en un tema que se repite en prácticamente todos sus ensayos: el hombre. En efecto, Adán era el punto central, el rey de la creación. El hombre actual, caído y exilado, si bien ha perdido las prerrogativas adámicas, conserva sin embargo una cierta nostalgia del estado luminoso de nuestro primer padre. Eckartshausen sabe ver más allá de las apariencias e intuye el singular destino del hombre, su ignorada grandeza.

«El primer hombre era un gran mago que cayó y perdió su sabiduría», escribe. Por ello la magia, entendida como la entiende nuestro autor, es ante todo el medio de volver a unir religiosamente al hombre con su Creador.

Creado a imagen y semejanza de Dios, el hombre está destinado a una felicidad semejante a la de su Creador. En el paraíso, el hombre tenía un cuerpo de luz, un cuerpo «constituido por energía concentrada de la luz y de los elementos, antes de que estos elementos fueran destrozados por la maldición». Según nuestro autor, este cuerpo estaba compuesto por tres partes de luz y una de materia. Además, el hombre era libre: su libertad consistía en permanecer atado a la Unidad Divina o alejarse de ella. Al alejarse de ella a causa del deseo, el ser humano primordial, el hombre de luz, cae en el mundo imperfecto de la materia. Este estado es comparado por Eckartshausen con un envenenamiento:

«La enfermedad de los hombres es un verdadero envenenamiento; el hombre ha comido del fruto del árbol en el que dominaba el principio corruptible y material y se envenenó al disfrutarlo».

Su cuerpo, constituido, como hemos visto, por energía lumínica concentrada, no tenía que haberse alimentado más que de alimentos incorruptibles, de alimentos luminosos, pero probó el alimento perecedero, con lo que se volvió perecedero y mortal. El hombre está en la Tierra para alcanzar el más alto grado de felicidad, pero no en el tiempo, sino en la eternidad. Sin embargo, en este mundo, puede encontrar «el punto a partir del cual se extravió».

Las imágenes que utiliza para explicarnos este único misterio de la caída y de la restauración son a veces conmovedoras: «El hombre es semejante a un fuego concentrado y encerrado en una envoltura grosera; está separado del fuego primordial al cual aspira a unirse». «Hemos de quemar la envoltura que nos recubre de modo que este fuego no se reduzca a una simple chispa. Entonces consumirá todo lo que es impuro, modificará el cuerpo, lo hará receptivo a Dios…». «Esta alquimia es facilitada por el hecho de que existe, en lo más secreto de la naturaleza física, una sustancia pura que puede ayudarnos a liberar el alma divina encerrada en nosotros: esta sustancia es la esencia paradisíaca que la caída del hombre encerró en la materia grosera y que desde entonces languidece bajo sus cadenas».[11] Para Eckartshausen, el hombre «es el objeto más importante del mundo. Los dos órdenes de conocimiento en los que participa hacen de él como un árbol cuya raíz es el espíritu: el tronco y las ramas las facultades; el follaje, las palabras; las

---

11. *La nube…, op. cit.*, p. 95.

flores, la voluntad; el fruto, la virtud. ¡Ay del árbol que no lleva frutos!».[12]

La caída y la redención

El tema de la caída es uno de los que Eckartshausen trata más prolíficamente, sobre todo en las obras relacionadas con la magia y el esoterismo. Veamos, a grandes rasgos, cuáles eran sus ideas al respecto. Antes de la caída, el hombre era sabio, pues estaba unido a la sabiduría;[13] después de este funesto acontecimiento fue separado de ella. Creado para la contemplación y el goce espirituales, Adán, disponiendo de la libertad[14] que Dios le había dado, quiso gozar de los bienes materiales que le estaban sometidos, pero para ello necesitaba un cuerpo más grosero. Ello nos indica que todo, incluso la caída, tiene un sentido providencial. Como señala Louis Cattiaux en su *Mensaje reencontrado* (XXV-44): «La caída del hombre tiene una finalidad divinamente elevada, que es la adquisición de un cuerpo bajo y su glorificación en Dios».

En el Jardín de Edén, Adán era feliz. Su felicidad consistía en contemplar las energías de la Unidad y en gozar, par-

---

12. Idea tomada de Mateo 7, 13.
13. Que equivale a lo que en la terminología cabalística se conoce como *Shekinah*, o Presencia de Dios.
14. En su libro *Sobre los jeroglíficos más importantes del corazón humano*, Eckartshausen señala que «la libertad de Adán consistía en permanecer atado a la Unidad o alejarse de ella».

24

ticipando de ellas, de la energía divina original. Esta idea de «gozar» que está totalmente de acuerdo con la etimología hebrea de *Edén* («voluptuosidad»), merece quizá un breve comentario. En latín, «gozar» es *fruor* (de ahí viene la palabra castellana «fruición»). De *fruor* procede *fructus,* «goce, placer, deleite, usufructo», y también «fruto». En la simbología cristiana, el fruto representa la Palabra. En un antiguo texto cristiano, la *Epístola a Diogneto*[15] podemos leer: «Aquellos que aman verdaderamente a Dios se vuelven un paraíso de delicias. Un árbol cargado de frutos, de vigorosa savia, crece en ellos y son ornados con los frutos más ricos».

Y en otro texto, esta vez un delicioso fragmento de un discreto autor judeoconverso, la *Visión delectable* de Alfonso de la Torre, refiriéndose a los profetas, podemos leer: «Aquestos en su vida han la visión de Dios en su fruición, en la cual es la alegría y el gozo tan grande, que excepto aquélla, todas las cosas del mundo les parecen un poco de lodo».[16]

Recordemos que, precisamente hablando de profetas, el Evangelio según Mateo 7, 16 nos dice que «por sus frutos los conoceréis». Sacerdote de la divinidad, mago verdadero, Adán había recibido el conocimiento del orden de las cosas

---

15. Citado por Jean Daniélou en *Les symboles chrétiens primitifs*, Ed. du Seuil, París, 1961, p. 39.
16. Los biógrafos hacen nacer a este autor en Burgos en el año 1410. Su libro *Visiò delectable de la filosofía* fue impreso en catalán en el año 1484. El libro se nutre principalmente de dos fuentes, la *Guía de extraviados* de Maimónides, y las *Etimologías* de Isidoro de Sevilla. Se conocen dos ediciones castellanas de la época, 1485 y 1489.

y su misión era colocarlas en el lugar que les correspondía. De este modo, el primer hombre hacía de puente entre la materia y el espíritu; era el coadjutor de Dios. Era «una criatura intermediaria que religaba el mundo espiritual con el mundo sensible». La caída es, para Eckartshausen, un envenenamiento. El primer efecto de este envenenamiento fue que «el principio incorruptible (el que podríamos llamar cuerpo de vida, al igual que la materia del pecado es cuerpo de muerte) cuya expansión constituía la perfección de Adán, se concentró en el interior y abandonó el exterior al dominio de los elementos». De este modo, el hombre caído perdió la capacidad mágica quedando el mundo exterior fuera de su dominio. Las consecuencias naturales de esta pérdida de luz, continúa Eckartshausen, «fueron la ignorancia, las pasiones, el dolor, la miseria y la muerte».

Revestido de un cuerpo inmortal, Adán no tenía por qué haber conocido la muerte, pero nuestro primer padre pecó, siendo el pecado ante todo «un pecado de egoísmo». «El egoísmo es obra de Lucifer, y la causa de la caída de Adán». A pesar de la caída adámica, el Jardín de Edén no ha desaparecido, pero «está lleno de cardos y espinas».[17] A pesar de que nuestros sentidos se alejan de ella, existe una fuerza luminosa que imanta nuestro centro hacia la Unidad. Todo el secreto consiste en saber despertarla de un modo suave.

---

17. Véase a este respecto *El Mensaje reencontrado* (XIX-7).

El Sensorium[18]

Las fuerzas mágicas operan en un órgano concreto. «Quien conoce ese órgano y sabe la manera de apropiárselo o entrar en contacto con él posee el poder mágico sobre la naturaleza entera». «Dios expresa un Sol espiritual que religa lo finito a lo infinito. Este Sol es el órgano de la omnipotencia; los persas lo llamaban Ormuz, los judíos Jehová, los griegos Logos». «Este órgano es la naturaleza inmortal y pura, la sustancia indestructible que lo vivifica todo y lo lleva a la más alta perfección y felicidad; el primer hombre fue creado a partir de esta sustancia, que es el elemento puro».

Este párrafo impresionante, que alude al misterio eucarístico (la sagrada forma es redonda, como el disco solar), es sin duda revelador de una libertad espiritual que sitúa a nuestro autor por encima de las formas, por encima de los dogmatismos. Eckartshausen nos habla también de «un aceite de unción que renueva al hombre». Este aceite, que reside en lo más profundo de la materia física, es llamado *«Electrum,* el elemento divino, el órgano o *vehiculum* del espíritu de Dios, el vestido de oro de la hija del rey». Este *«Electrum charmal aetherum* es el Verbo físico y glorioso, el cuerpo del Mesías».[19] Nuestro autor lo describe como «una aceite verdadero, luminoso e incombustible: aquel que es ungido con él después de una preparación suficiente, se

---

18. Véase *The Sensorium: A Philosophical Discourse of the Senses: Wherein Their Anatomy, and Their Several Sensations, Functions, and Offices, Are Succincty [sic] and Accurately Described,* de Mathew Beare, M. D. Autoedición de 2010.

19. *Sobre los misterios más importantes de la religión,* p. 83, Múnich, 1823.

convierte en un verdadero rey y en un sacerdote de Dios; el Espíritu Santo actuará a través de él y se lo enseñará todo».

Este principio vivifica lo que está muerto y desarrolla la luz que está enterrada en nosotros, disolviendo el «gluten» de la sangre.[20]

La regeneración

El hombre es un ser caído en un mundo tenebroso, separado de la luz original, y la aceptación inteligente y humilde de esta realidad es la base para vencer el orgullo que nos ciega y para volver a reencontrar nuestro estado glorioso.[21] Pero ¿cómo hacerlo?, ¿cómo empezar? Eckartshausen se nos revela como un gran maestro cuando nos dice que «la oración es el primer paso que nos conduce a la regeneración».

«La regeneración es un renacimiento, una transfiguración que nos asegura la paz con nosotros mismos y con la naturaleza entera».[22]

«La posibilidad de recuperar nuestro cuerpo luminoso reside siempre en nosotros como un grano listo para germinar». Existe, en la naturaleza física «una sustancia pura[23] que puede ayudarnos a liberar la chispa divina encerrada

---

20. «Más cercano a la animalidad que al espíritu», el gluten «constituye la materia del pecado; sus efectos varían según el modo en que es modificado por las excitaciones sensibles». «Esta substancia es también la causa de la ignorancia», y «produce la putrefacción».
21. Véase *El Mensaje reencontrado* (XXIII-17).
22. *Aclaraciones sobre la magia, op. cit.*, IV-16.
23. Véase *El Mensaje reencontrado* (XIII-59).

en nosotros; esta sustancia es la esencia paradisíaca que la caída del hombre encerró en la materia grosera y que desde entonces languidece bajo sus cadenas».[24] El secreto de la regeneración consiste en hacer desaparecer la corteza que mantiene prisionero al corazón divino: ésta es la construcción del templo en el cual Dios, la naturaleza y el hombre estarán unidos para siempre. «La verdadera ciencia real y sacerdotal es la ciencia de la regeneración, es decir, la reunión de Dios con el hombre caído».[25] «Construir el verdadero templo es destruir la miserable cabaña adámica[26] y sustituirla por el templo de verdad; es desarrollar en nosotros el sentido interior a fin de que el principio metafísico incorruptible supere al principio terrestre».[27]

La regeneración no se refiere sólo al hombre: abarca a la naturaleza entera, que éste arrastró en su caída. «La naturaleza aspira a su restauración: espera con nostalgia el momento en el que la humanidad alcanzará la más alta perfección».

La oración

La característica principal del estado caído del ser humano es la separación. En este mundo estamos separados de la Unidad, del Centro, de Dios. Como escribe Eckartshausen, «un espacio intermediario se interpone entre nosotros

---

24. *Aclaraciones sobre la magia, op. cit.*, IV-73.
25. *La nube…*, p. 99.
26. Véase *El Mensaje reencontrado* (XIX-24).
27. *La nube…*, p. 30.

y el objeto de nuestra búsqueda; la oración abole este espacio». Hemos visto que la oración era el primer paso que conduce a la regeneración. Pero ¿qué es la oración? ¿De dónde procede? «La verdadera oración –declara uno de los protagonistas de una de las novelas de nuestro autor– no procede de la sinagoga ni del magnífico templo cristiano, sino del corazón del hombre».[28] Una vez purificado, éste es sin duda el lugar donde se produce la fecundación de la que habla el gran cabalista cristiano Pico della Mirandola, cuyas palabras encabezaban esta introducción, y que es el verdadero sentido de la magia. En una oración dirigida a la «luz eterna», aquella que brilla en las tinieblas y que éstas no han recibido, Eckartshausen pide «que su propia voluntad abdique a fin de que su corazón se convierta en un lugar santo y que la divinidad se exprese de nuevo en él, como en todos los demás hombres separados de Dios a raíz de la caída». Sin duda, por ello la oración, este diálogo en la intimidad del corazón entre nuestra chispa divina y la divinidad libre, que se entabla con y durante el estudio unitivo de las Sagradas Escrituras, es el medio más eficaz para que pueda realizarse en nosotros, en la Tierra y en el cielo unidos, la voluntad de Dios, como sugiere la más famosa y acaso la más mágica de las oraciones.

JULI PERADEJORDI

---

28. Véase *El Mensaje reencontrado* (XIX-47).

De las fuerzas mágicas de la naturaleza

Karl von Eckartshausen
(Texto íntegro)

I

SOBRE LA MAGIA EN GENERAL

La palabra «magia» puede tomarse en distintos sentidos, buenos y malos. En sí, la magia es una fuerza de atracción, una obra interior en la que se pone en juego lo natural o lo sobrenatural, una fuerza que tiene su efecto en el interior de los seres y que se manifiesta o exterioriza tanto en los espíritus como en los cuerpos.

El éter, o la forma de aire más fina y primordial, puede hacer sentir su acción sobre todas las demás formas de aire, y a través de éstas, operar en los entes físicos. Es aquí donde se halla el mayor misterio de la magia natural.

En el éter, una persona podría verlo todo (la historia del futuro, las ruedas que impulsan el universo) si su espíritu se separara de los sentidos más groseros. Este éter es como un espejo en el que todo se refleja, pues es un espíritu astral y está en situación de analogía con todos los demás *Astris*. Para comprender adecuadamente estos misterios, hay que saber lo que son los *Astra*.

Los antiguos llamaron *Astrum* a las fuerzas invisibles de la naturaleza, y distinguieron siete fuerzas astrales por los comportamientos de esas fuerzas invisibles en realidad. El conjunto de esas fuerzas es el espíritu astral.

Las distintas relaciones de estas fuerzas entre sí corresponden al ámbito de la imaginación. Esta imaginación se regula y desarrolla según leyes inmutables. El órgano en el que operan las fuerzas es el espíritu. Todas las fuerzas operan en el espíritu astral. Asimismo, las personas, como los *Astris,* poseen la facultad de la imaginación. Lo que pone en marcha la imaginación es el deseo. Cuando el alma quiere ver realizado ese deseo con fuerza, se forma una ansiedad en la voluntad, y esa ansiedad influye en el espíritu, y dicho espíritu se une con un espíritu parecido en la naturaleza y es capaz de hacer lo mismo que ese espíritu haga. La imaginación es atractiva. El espíritu que se forma mediante una imaginación fuerte se crea a sí mismo una personalidad humana en la que las ansiedades de la persona son dirigidas por una voluntad afinada y tienden hacia la verdad.

El espíritu astral se compone de siete fuerzas; éstas se manifiestan en siete «cantidades»; éstas, a su vez, se manifiestan en siete «cualidades»; las cualidades se manifiestan en siete formas y las formas en siete cuerpos. Todas ellas influyen sobre las otras por medio de la analogía.

II

EL ESPÍRITU ASTRAL

El espíritu astral –*l'air primitiv*– está sujeto a la voluntad del ser humano y puede hacerse activo y tangible mediante la voluntad humana. *L'air primitiv* es el *fluidum* en el que se mueven todos los espíritus animales. A través de este aire primitivo, el ser humano tiene la fuerza que le permite dominar a los espíritus animales. Puede reunirlos en su centro según el principio de la sensibilidad.

Tan pronto como este *air primitiv* tiene un canal o una corriente por la que manifestarse en la realidad, los espíritus animales pueden ser atraídos y dirigidos por esa corriente. Teniendo en cuenta que los espíritus animales están en completa actividad con el *principe sensible,* son atraídos por el más pequeño movimiento que se imprima a ese *fluidum* puramente primitivo.

Existe una franja o ámbito en el cual el ser humano puede entrar en contacto con el espíritu universal; en este ámbito, el espíritu humano y el espíritu universal forman un *Continuum.* Si un ser humano conoce esa «franja de frecuencia» o ámbito y permanece en contacto con el espíritu universal, todas las fuerzas obedecen a su voluntad.

Lo que el ser humano en cuestión quiera, desee o expresse mediante señales, sucederá. Pues de la misma manera natural como los espíritus animales obedecen y entienden la superior voluntad humana, los espíritus de la naturaleza también obedecen la voluntad de quienes puedan entrar en contacto con ellos, porque el microcosmos y el macrocosmos están unidos.

III

LA CIENCIA

La ordenación de las fuerzas de la naturaleza corresponde a la ciencia, a la cual enseña la magia. Las fuerzas operan en ámbitos dentro de los cuales se hallan encerradas; el círculo mágico es la representación más exactamente simbólica de esto. Estos ámbitos son límites de las fuerzas, como una especie de fronteras de la capacidad de acción de las fuerzas. A través de esta partición, cada fuerza se encierra en un ámbito. Sin partición, todas las fuerzas operan hasta el infinito, ya que por principio la fuerza tiene tendencia al infinito. Cada fuerza puede aislarse y encerrarse sólo en la medida en que esté partida y separada. La capacidad de acción de una fuerza se amplía según su intensidad. La magia se encuentra en la capacidad de unir fuerzas separadas y en la de separar fuerzas unidas. Pero sólo existe un órgano en el que operan todas las fuerzas. Quien conoce ese órgano y sabe la manera de apropiárselo o entrar en contacto con él, posee el poder mágico sobre la naturaleza entera.

Todas las fuerzas tienen su órgano de unión con su fuerza de atracción. Todas las fuerzas tienen su órgano de separación, de expansión. Todas las fuerzas del mundo corporal se comportan con arreglo al grado de su extensión en el espacio; de la misma manera, todas las fuerzas del mundo espiritual se comportan con arreglo a su grado de intensidad en el tiempo. Por consiguiente, a cada operación mágica le corresponde un previo despertar del espíritu; una espiritualización para poner en movimiento el alma, una animación para poder incidir sobre las fuerzas.

La divinidad limita sus fuerzas infinitas en el mejor de los seres finitos: así se forma la naturaleza, por la finita autolimitación de una fuerza infinita.

Ya que la magia limita y conecta fuerzas, tiene que hacerlo de una manera triple, puesto que existen fuerzas divinas, espirituales y físicas; es decir, un círculo mágico divino, espiritual y físico, un círculo de acción finito.

En cualquier caso, el mago debe hallarse en el centro de ese círculo, es decir, en la unidad, la fuente de toda fuerza: en ese caso, el mago operará por sí mismo todo cuanto sea exterior a él. Su poder transcurrirá entonces desde la mañana a la noche y se extenderá desde el mediodía hasta la medianoche, todas las fuerzas le obedecerán suavemente con la sola presión del deseo que hace que todas las cosas sean una, porque sólo ese deseo tiene fuerza mágica.

La luz tiene el poder desde que sale hasta que entra en el ocaso, y mediante la luz hallará el mago sabiduría y fuerza. El calor tiene fuerza desde el mediodía hasta la medianoche.

Busca la sabiduría por la mañana,
la fuerza por la tarde,
la paz al mediodía,
la maldición a medianoche.

Existen cinco clases de magia, y todas ellas operan por la fuerza de la atracción.

La primera es la fuerza de atracción de la palabra divina, que atrae todo lo que es puro y puede unirse con ello. La fuerza de esa magia se comporta en proporción a la fe y su acción acaece por medio del Espíritu Santo.

La segunda clase de magia es la analógica. Ésta se manifiesta según la semejanza del espíritu de las personas con las fuerzas más elevadas. Se adquiere por la fuerza de atracción de la asimilación, con arreglo a la cual se dan luego las fuerzas y los poderes que da esa clase de magia.

La acción de esta magia sucede por la fuerza y el poder de la luz y se comporta según el grado de pureza de la persona. Sin embargo, hay que entrar prudentemente en esa magia porque existen ángeles de las tinieblas que a veces pueden presentarse como el ángel de la luz.

La tercera es la magia natural, que también opera según la fuerza de atracción. Newton calculó la proporción según la que se atraen estas fuerzas y Descartes describió la influencia del torbellino que forman los círculos y frecuencias de estas fuerzas.

La cuarta magia es la mental. Su fuerza de atracción es el deseo y opera con arreglo a la capacidad de atracción y rechazo presente en el ser humano.

Finalmente, la quinta magia es la magia demoníaca.

IV

FUNDAMENTOS

Cada magia tiene sus fuerzas, que operan en su órgano, a través del cual se manifiesta, y de una forma, en la cual se manifiesta.

Cada magia se verifica por la fuerza de atracción, y la fuerza de un mago reside en su capacidad de unir su voluntad con esa fuerza de atracción, con lo cual el resultado se hace necesario.

En la magia divina se trata de la prudencia y de la voluntad que se unen con la voluntad, la luz y el amor divinos y sacan a la superficie todo lo maravilloso de la divinidad. Un axioma fundamental de toda magia es:

Ex lumine ignis, cum igne ventus, ex vento potestus.

Es decir, «De la luz, el fuego; del fuego, el aire; del aire, la atracción o la potestad». Dicho de otro modo: «Del entendimiento, el amor; del amor, la voluntad; de la voluntad el deseo; del deseo, la acción o el poder».

La magia divina consiste en que el mago mira directamente en el espíritu divino, y habla y actúa a través de él. No puede formarse ninguna imagen fuera de Dios, sino que todo lo que desee lo ha de desear en Dios, de acuerdo con el orden eterno. El egoísmo es obra de Lucifer y la causa de la caída de Adán. Lucifer se separó del centro, de la unidad de todas las cosas, y se convirtió a sí mismo en el centro del principio de la maldad, del principio del mundo de las tinieblas.

Adán, por su parte, se separó de la bondad, representada por Dios, y así se convirtió en el principio de un mundo en el que se interponen la bondad y la maldad.

Tiene que conocer las figuras celestiales y la figura del cielo interior. Tiene que conocer los tres principios y sus figuras.

Esta magia la conocen muy pocas personas, porque Dios hizo que se perdiera hasta que el mundo en general sea mejor: entretanto, esa magia sólo la poseen algunas almas puras que viven en la quietud.

La magia se divide en tres partes, denominadas dinámica práctica.

La primera parte enseña a hacer llegar al entendimiento las partes más sensibles de la materia, es decir, a elevar la representación de un sujeto determinado a la comprensión general del entendimiento puro, con lo cual sucede que la superposición y dispersión de las propiedades que pueden hallarse en una cosa determinada se asumen en conjunto y lo más íntimo del alma se reconoce y se transmuta en esa cosa.

Así pues, el verdadero mago inicia su obra con el entendimiento, en lugar de con las conjunciones supersticiosas, y conoce las razones por las cuales lo más fundamental está en armonía o en contradicción. Además, el mago sabe hacer comprensibles esas razones, sabe desarrollarlas e incluso sabe inscribirlas en un cálculo mental, a lo que se llama cálculo de la naturaleza. El verdadero mago sabe desvelar las extensiones y ve las inteligencias y circunstancias de las fuerzas.

A través de la fe sabemos que el mundo fue creado por la palabra de Dios, «para que de las cosas invisibles se hicieran las cosas visibles», según dice la carta de Pablo a los hebreos (Heb, 11).

La segunda parte de la magia –que sigue a la primera– consiste en el conocimiento de los *vehicula,* por cuyo medio un espíritu comunica sus influencias a un cuerpo, y en la investigación de cómo un espíritu alejado comunica a otro su voluntad e influye sobre los demás con su equilibrio, de la misma manera que un cuerpo mueve a otros cuerpos con su movimiento.

Sobre los *vehicula,* las Escrituras dicen: «y el Señor se le apareció entre un arbusto en llamas, y él vio cómo el arbusto ardía pero no se quemaba» (Éx 3, 2). «Y cuando las llamas subieron desde el altar hacia los cielos, el ángel del Señor se elevó también entre las llamas» (Heb 14, 20). «Y sucedió que pasó tanto tiempo en oración ante el Señor, que el aliento se detuvo en su boca» (Reyes I-22). «Pero el Señor respondió a Job desde el interior de una tempestad».

Es obra de la más elevada magia, la oración mental de la fe con el amor fundamentado en la verdad, es decir, tener el conocimiento de Dios (Epístola de Pablo a los Corintios, 3, 2 y Juan 14, 23).

La naturaleza es la realización de los designios divinos, los cuales se encargan de lleva a cabo los espíritus naturales.

Acercarse a la influencia salvadora de estos designios significa dominar espíritus no a través de la propia fuerza, sino mediante la intercesión y la participación de las fuerzas de Dios. Pero esto es un enigma para las personas racionales.

V

ORIGEN DEL ARTE DE LA MAGIA

El arte de la magia no debe confundirse con ciertas prácticas supersticiosas que no tienen ni tendrán el menor sentido. La magia, de la que se deriva el arte de la magia, tiene un origen mucho más elevado, y se fundamenta en el conocimiento de Dios y de la naturaleza, y corresponde al más alto entendimiento y prudencia, ya que es la práctica de la más elevada ciencia o conocimiento que una persona puede alcanzar.

Los diferentes nombres de la teoría de la magia (que se encuentran en las teorías mágicas) deben ser entendidos en su sentido material, nunca literalmente.

En la magia, una verdad divina se denomina una inteligencia, una verdad fundamental o un «ángel del trono».

Una verdad oculta, desconocida para nosotros, es un «sello». Conjurarse significa en su sentido propio penetrar en el interior de la verdad. El carácter significa entendimiento y acción simultáneamente. Los antiguos dieron formas a las verdades más ocultas de la naturaleza, y esas formas mostraban a través de líneas las leyes según las que actúan las fuerzas ocultas. Aquí reside el verdadero sentido y la auténtica ciencia de la escritura mágica.

Así, la verdad más pura es observable a través del conocimiento de los caracteres gracias al más elevado poder mágico del ser humano, que es la suma razón.

Los instrumentos mágicos, como la vara, la escuadra y el compás tienen por lo tanto un significado simbólico.

Todo el mundo visible con todos sus seres es una representación o imagen del mundo interior.

Todo lo que está en el interior, así como la manera en que actúa, se manifiesta en el exterior.

No hay que dejar de tener presente que el ser de todos los seres es una fuerza circular que actúa en siete facetas, cada una de las cuales remite a la otra, pero ninguna de las cuales es la otra ni la última, sino que todas son una sucesión eterna.

Recuérdese la obra de Dios en los seis primeros días, que se resume en el séptimo como culminación de todo lo creado.

Lo interior se presenta en seis facetas hacia el exterior, y al mismo tiempo se apresura de nuevo hacia su unidad primordial en la séptima.

Lo exterior es la signatura, el trazo de lo interior.

No existe cosa en la naturaleza que no manifieste su interior en su exterior, pues lo interior trabaja constantemente para manifestarse hacia el exterior.

Por ello, la mayor sabiduría reside en el conocimiento de las «signaturas» de las cosas, ya que en ellas el ser humano puede reconocer a Dios, a las fuerzas de la naturaleza y a sí mismo. Estas «signaturas» se forman en su figura exterior, en su impulso y movimiento. Se manifiestan en el movimiento, en la voz, en el habla.

Cada cosa tiene una boca o un canal para manifestarse y en esto reside el lenguaje de la naturaleza. A través de él, cada cosa «habla» según su esencia.

Según el testimonio de Porfirio, «magia» es una palabra de origen persa y quiere decir *pia sapientia* o sabiduría piadosa, y un mago es *qui circa divina est sapiens* (alguien que es sabio en lo referente a lo divino). Platón describe la magia de la siguiente manera: *magiam, quod sit cultus Deorum* (la magia, es decir, el culto de los dioses) y dice que tiene su origen *ab unitate* (de la unidad, de Dios).

El primer ser humano era un gran mago que cayó y perdió su sabiduría, pero no olvidó nada de lo que sabía antes y conservó el *methodum* con el cual un ser puede alcanzar de nuevo la sabiduría de Dios.

Noé aprendió esa ciencia divina de los *patribus antediluvianis* (los padres anteriores al diluvio), que la practicaban esforzadamente. Noé enseñó esa sabiduría a sus hijos y fundó una escuela, como dice la tradición de los talmúdicos. Abraham, Isaac y Jacob pudieron haber aprendido en esa escuela. También es posible que Abraham aprendiera esa ciencia de Melchisedek. De éste se decía que no tenía ni padre, ni madre, ni sexo y que sus cabellos no tenían fin.

También se decía que Melchisedek era rey de Salem y un sacerdote del Dios verdadero. ¡Cuántos enigmas hay en estas cuatro frases! ¿Quién era ese Melchisedek? ¿Dónde se encuentra ahora?

Por aquel mismo tiempo vivía un cierto Aronaces, que debía haber sido maestro del propio Zoroastro, y que al parecer aprendió las altas ciencias en la misma escuela.

Algunos consideran a Zoroastro como el inventor de la magia, lo cual es ridículo: ¿cómo puede un ser humano ser inventor de algo como la magia? Probablemente, Zoroastro fue el primero que llevó esa ciencia hacia Caldea, y posteriormente hacia Persia.

En la misma época, la ciencia de la magia florecía también en Egipto, donde Hermes Trismegisto se hizo tan conocido. ¡Qué tiempos tan felices debían ser aquéllos! Sólo un auténtico sabio y verdadero mago podía ser rey, y al mismo tiempo era el sumo sacerdote.

A través de asombrosas pruebas, el candidato llegaba a dominar las ciencias ocultas y alcanzaba sus máximos escalafones. ¡Dignos soberanos! ¡Santa estirpe, auténticamente real! Es altamente maravilloso que Moisés naciera en Egipto, fuera criado allí y allí recibiera enseñanzas de las ciencias ocultas.

A partir del tiempo en que Moisés nació, la verdadera magia divina se perdió y el pueblo de Israel heredó lo que Egipto había perdido. ¿Quién sabe si la sabiduría no le fue arrebatada a Egipto a través de Moisés por orden de Dios, y en castigo a sus excesos, para trasladarla con el pueblo de Israel hacia la tierra prometida? ¿Quién sabe si esa misma sabiduría no fue arrebatada a Israel por Cristo, para transmitirla a sus verdaderos seguidores?

Moisés formó un *collegium sanctum* con los setenta ancianos del pueblo de Israel que estaban dotados con el don de la clarividencia o sabiduría, y probablemente fueron cubriéndose las vacantes con los sujetos más idóneos. En esa escuela estudiaron desde Samuel, David y Salomón hasta el sacerdote Esdras.

Este Esdras escribió –al dictado de un ángel– muchos libros importantes, entre ellos, muy notablemente, los 70 libros entre los que se encuentra el manantial del entendimiento y la fuente de la sabiduría, y que no se podían comunicar a nadie más que a los sabios del pueblo de Israel. Así pues, estos 70 libros sólo pueden encontrarse entre los verdaderos sabios, y los verdaderos sabios viven todavía, si bien en el anonimato. El tiempo de la sabiduría reinó entre el pueblo de Israel hasta el advenimiento de Zacarías, el padre de Juan el Bautista, y entonces cesó de existir la sabiduría entre los hebreos, porque la sabiduría eterna, el sumo sacerdote de la eternidad, el Hijo unigénito de Dios iba a encarnarse en un hombre.

Pero también los griegos aprendieron sabiduría divina en las escuelas de los egipcios. Sócrates, conocido por su genio, fue quien enseñó a todos los demás. Por su tiempo, florecían los misterios de Eleusis. Resulta significativo comprobar cómo Sócrates aconsejó a todos sus amigos que se iniciaran en dichos misterios, aunque él mismo no se inició nunca con el fin de conservar la libertad de divulgar esos misterios (que ya conocía gracias a su genio) y con ello la idea de un Dios único.

Platón era un discípulo de Sócrates y en las altas ciencias se le llama *divinus Plato*. Pitágoras es conocido por el silencio y meditación de cinco años que imponía a sus discípulos. Como puede verse, la magia fue practicada desde los tiempos anteriores al diluvio y, posteriormente, en Caldea, Persia, Arabia, Egipto, Tierra Prometida, Grecia, etc. De la misma manera, pueden haberse reproducido hasta nuestros días y hasta aquí mismo sociedades que han seguido *per traditionem* esta ciencia divina. Asimismo, también puede haber sucedido que en algún caso la *magia vera* (la verdadera magia) se haya mezclado con la religión local y se haya hecho *in tantum* irreconocible. También puede ser que personas aisladas o sociedades hayan utilizado la magia con fines vergonzosos y para cosas no permitidas. A continuación, podemos dividir la magia en tres clases: 1. *In magiam divinam* 2. *In magiam humanam* 3. *In magiam superstitiosam sive diabolicam* (es decir, en magia divina, magia humana y magia supersticiosa o diabólica).

La magia verdadera y divina se realiza fundamentalmente al recto y verdadero servicio de Dios y sirve para conocer al Creador y a su obra. La verdadera magia facilita la comprensión de los más altos, increíbles y divinos secretos que resultan incomprensibles para las personas corrientes.

La verdadera magia nos permite conocer las cosas futuras y nos abre el camino hacia el mundo de las inteligencias *(mundo inteligentiarum)* o entre los ángeles. La verdadera magia nos enseña el modo de hacer maravillas, nos abre el corazón de la naturaleza y nos da una imagen y un anticipo de la alegría y bienestar eternos que han de venir al final de los tiempos.

La magia humana tiene, ciertamente, su origen en la magia divina, pero a través de las incorporaciones humanas se ha visto mezclada y oscurecida con nuevas e irrisorias ceremonias, y sin duda alguna, aún se pueden realizar con ella cosas muy curiosas. Sin embargo, esta magia no tiene nada que ver con la verdadera magia.

La magia supersticiosa no tiene de la magia vera más que el lenguaje divino, que es vergonzosamente mal utilizado y de hecho no tendría que ser llamado «mágico», porque está lleno de superstición, ídolos y fétiches que no son más que obra de los espíritus caídos e impuros a los que todavía se permite actuar en las cosas más oscuras de la naturaleza y embaucar a los ignorantes o a los que no tienen Dios. Esta magia supersticiosa debe conocerse con el nombre de *nigromantia*. Los pseudomagos egipcios, Simón el Mago, y también la mujer Blanca de Endor practicaron ritos no autorizados de esa clase.

Si aceptamos que los dos principios fundamentales son el *principium* de la luz y el *principium* de las tinieblas, podremos dividir la magia en otras dos partes: 1) La magia de la luz y 2) la magia tenebrosa. Sabemos por las Sagradas Escrituras que existen 1) ángeles buenos, 2) ángeles caídos. Los primeros viven para honrar y complacer a Dios. Los segundos hacen lo contrario como rebeldes porfiados y contumaces.

Antes de continuar, debo decir algo acerca de la construcción mágica de las personas, para demostrar cuán verosímil resulta que los espíritus actúen sobre las personas y que las personas puedan influir en los espíritus. El ser humano se compone de:

a) Cuerpo
b) Alma
c) Espíritu

A través de la historia de la creación (Génesis), sabemos que el mundo fue creado con todos sus elementos antes de que Dios hiciera los seres humanos. El ser humano fue la obra maestra de esa creación, el *compendium* de toda la naturaleza, que participaba de todo cuanto había en el mundo, y por ello fue llamado por los sabios el pequeño mundo o *microcosmus.*

A) El ser humano recibió un cuerpo como *quinta essentia* de los elementos. El primer ser humano, Adán, recibió su bello «cuerpo de luz» de la fuerza de la luz y los elementos concentrados. Esto sólo sucedió durante un tiempo, antes de que los elementos se transformasen y separasen por efecto de la maldición del pecado. Durante ese tiempo anterior a la caída, el ser humano era, por así decirlo, un único elemento de fuerza. Con la caída, el ser humano perdió ese «cuerpo de luz», y lo grosero y corruptible salió a la superficie mientras el cuerpo de luz se volvía hacia el interior y se enterraba en una pequeña chispa.

B) La potencia de recibir de nuevo ese cuerpo de luz se halla encerrada dentro del ser humano como una semilla en la tierra y el ser humano puede tener la segura esperanza de recibir de nuevo ese hermoso cuerpo iluminado de manos del supremo y divino hacedor en la hora de la consumación y la transmutación de todas las cosas.

C) El mayor mundo elemental, *a centro terrae* (desde el centro de la tierra) hasta las más lejanas estrellas es, pues, la materia de cuya quintaesencia concentrada está hecho el cuerpo humano.

D) El alma la recibió el hombre del supremo y elevado mar de la luz y del *Aeschmaym,* el mundo de los ángeles y los espíritus, *ex mundo inteligentiarum.* Así pues, es fácil comprender que éste es el camino por el cual los ángeles pueden actuar sobre las personas y las personas pueden actuar sobre los ángeles. Es el canal de la verdadera magia. El alma del ser humano parece haber sido unida artificialmente a un ser corporal y espiritual. De sus partes espirituales, el alma tiene su más alto entendimiento, propiedades del mencionado mundo de los espíritus, y es por lo tanto capaz de penetrar en el espíritu humano que se halla en lo más íntimo del alma.

Sin embargo, el alma tiene de su parte corporal el llamado *spiritu mundi* (espíritu del mundo). Este espíritu mundano es tan sutil que penetra en todas partes; no obstante, es un espíritu material y se alimenta en las partes tenebrosas del «gran mundo» una influencia muy notable y a partir de ella se forman sus inclinaciones, talante, etc., y con la ayuda de esa materia tan propia es capaz de actuar sobre la materia del cuerpo, como si el componente más fino de ese cuerpo grosero tomara una y otra vez el componente más material del alma y actuara sobre él. De esta manera podemos explicar bastante bien el *commercium inter animam et Corpus* (comercio entre el alma y el cuerpo).

E) El hombre recibe su espíritu, inevitablemente, del mismo corazón de Dios. El espíritu es el aliento que Dios sopló sobre la nariz del hombre para que su alma sacada del mundo fuera un alma viva, es decir un alma que ha recibido los dones de la inmortalidad y la indestructibilidad *ex essentia Dei* (de la esencia de Dios). Éste es el canal para convertirse en el más alto cabalista y *verus Teologus* y poder conversar con Dios cara a cara.

F) Hemos visto que el alma está en medio de este edificio mágico del ser humano y posee la capacidad de penetrar tanto en el lado del espíritu (o hacia el interior, hacia Dios) como en el lado del cuerpo (o hacia el exterior, hacia el mundo). Si el alma del hombre se inclina hacia el espíritu, éste se convertirá en un *magus* divino porque el espíritu que Dios le ha dado le coloca por encima de los ángeles y los arcángeles y éstos se convierten en sus servidores por la intercesión de Dios, que le permite obrar prodigios. Pero si el alma del hombre se inclina hacia los elementos, ¡cuán fácil puede resultar que se manche!

Ciertamente, cuando una persona posee la llave de la magia –es decir, cuando es capaz de penetrar en el *mundus inteligentiarum* o mundo de los ángeles y los espíritus– se encuentra en posición de recibir (gracias a la fuerza y el orden puestos por Dios en la naturaleza) a los ángeles como maestros y a que le sean revelados por ellos los mayores misterios. No obstante, ¡ay de ese ser humano si su alma permanece atada a los elementos y no se mantiene en comunión con los espíritus! Si eso sucede y dicho ser humano hace mal, sólo le corresponderán con males.

Tal cosa sucederá si el ser humano no utiliza la magia sólo para la complacencia del nombre del Señor y para ayudar a sus semejantes.

¡Desgracia sobre desgracia también para aquellos seres humanos que, bien deliberadamente o bien por ignorancia superable, se entreguen a la magia tenebrosa!

Cuando el alma del ser humano se aparta del espíritu y se inclina hacia los elementos, el ser humano abre la puerta a los malos espíritus, que reinan bajo el cielo sobre las tinieblas de este mundo.

Nadie dudará de que es cierto que existen malos espíritus, así como los hay buenos, como tampoco puede dudarse de que estos espíritus poseen –como antiguos ángeles de luz que son– secretos de la naturaleza que están vedados a las personas. Estos malos espíritus comunican gustosos sus secretos a las personas para entrar en comunión con ellas y poder así sustraer sus almas a Dios.

Hay grandes razones para guardarse de la magia tenebrosa, pues ésta sabe deslizarse a veces en la figura de la magia verdadera.

Un ser humano que no prueba correctamente a los espíritus para saber si proceden de Dios y entrega ciegamente su pasión a una dedicación demasiado fuerte a las ciencias ocultas, se halla en una senda muy peligrosa, tanto más peligrosa cuanto que quizá consiga realizar obras mágicas creyendo que es un *magus* divino, cuando en realidad es un nigromante.

Quien sepa que los malos espíritus pueden adoptar la apariencia de ángeles de la luz creerá también que es muy necesaria una adecuada comprobación.

Llegado a este punto, quisiera salir al paso de un equívoco que suele hacerse al mencionar el poder del demonio. Se dice que el demonio está atado por el poder de Dios y en última instancia no puede dañar a nadie. A esto yo respondo: es cierto que el demonio está atado por Dios y que con su propia fuerza no puede dañar a nadie. Pero el demonio tiene la capacidad de ganar el alma y la voluntad de las personas y actúa a través de éstas *per instrumentum*.

Los *magi* (magos) tenebrosos son de dos clases: bien *cum pacto* explícito o bien *cum pacto* implícito.

Los que actúan por envidia y maldad innatas y utilizan su magia o hechicería para dañar a sus semejantes y para procurarse a sí mismos continuas ventajas son los que tienen con los espíritus malos un pacto formal, consciente y deliberado. A los que renuncian a su fe y se entregan por completo al señor de las tinieblas, inscribiéndose con su sangre, el demonio les entrega un espíritu servidor, cuyo nombre les revela. Ese espíritu les sirve para sus fines terrenales con sólo mencionarlo.

Los magos tenebrosos de la otra clase son demasiado orgullosos para reconocer que tienen un *pactum,* porque creen que han conseguido dominar a los malos espíritus solamente con la ayuda de su propia ciencia. Lo que esas gentes miserables no saben es que los malos espíritus solamente están a su servicio *ex pacto* implícito. Las ceremonias, conjuros, prácticas y promesas que esos supuestos magos realizan muestran claramente que o bien olvidan a Dios y su grandioso nombre o que hacen mal uso de él.

Esos magos ceremoniales tienen un espíritu servidor al que denominan *gerzium, daemonem* o espíritu y se jactan de que pueden convocar al demonio y aprisionarlo o soltarlo a voluntad. Algunos de ellos tienen un espejo en el que pueden mostrar a una persona determinada en su verdadera figura y atuendo. También los hay —y no son menos— que se sirven de algunas ceremonias y plegarias para llamar a las almas de los muertos, lo cual está expresamente prohibido en las Sagradas Escrituras. A continuación, pasamos a la magia *theurgica,* o magia referente a las cosas divinas. En este caso, el mago también se sirve de ciertas ceremonias.

Por ejemplo, se esfuerza en lograr la máxima limpieza interior y exterior. La limpieza interior significa que su ánimo está libre de toda turbación e inclinación de los sentidos. La limpieza exterior quiere decir que su cuerpo está bien lavado, tanto la piel como los vestidos, y que también están limpias su casa, sus aperos e instrumentos.

Pero si ese mago no tiene en su mente la intención de honrar a Dios y ayudar a sus semejantes, sus actos se convierten en crímenes, que serán tanto más graves si invoca a santos o almas difuntas que se separaron de su cuerpo y se encuentran en el cielo. Por el contrario, si el mago es un hombre bien nacido y tiene buenas intenciones, y sólo llama a ángeles buenos a través del grandioso nombre de Dios, todo serán bienes para él y para la tierra en la que ejerza semejante *magus*.

No he leído los libros secretos de Adán, Abel, Enoch, Abraham, Salomón, Mofis[29] y Esdras, pero no los niego, como tantos otros, porque no los encontré. Lo que sí encontré fueron muchos pasajes en las Sagradas Escrituras que no sólo los dejan inferir, sino que también los demuestran, por ejemplo, los 70 libros de Esdras, que sólo podían ser mostrados a los Sabios. La cábala judía, que no es más que una vía láctea de mentiras y verdades oscuras, ha llevado a muchos hombres prudentes a creer que existe una verdadera cábala, y estos hombres han pretendido demostrar la existencia de esa autentica cábala con toda clase de poderosos argumentos.

---

29. O sea, Moisés.

Sin embargo, si se piensa que todo eso pertenece al pecado y a la maldición con la que el gran Jehová quiso castigar a su pueblo, no resultará extraño concluir que los judíos ya no saben nada en absoluto y que nunca volverán a recibir sus perdidas bellezas y verdades de los *gojim*.

El conocimiento cabalístico –según las palabras de un hombre extraordinario– conduce al conocimiento del sagrado nombre de Dios, en el que todas las letras, figuras, líneas, puntos y acentos encierran grandes misterios ocultos.

La cábala enseña los nombres, naturaleza, fuerza y estado de los ángeles y de las almas y enseña a conocer a los espíritus santos. La cábala penetra en el misterio de la Divinidad y en todas las *Emanationes* de aquélla…, en las diez sephiroths.

El alquimista inferior (el químico inferior) toma primero el agua y luego el fuego. $\nabla\Delta$

El alquimista (o químico) superior toma primero el fuego, luego el agua. $\Delta \nabla$

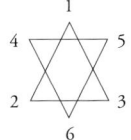

∇

El agua separa todo lo que es falso.

Δ

El fuego destruye todo lo que es impuro.

Todo lo que ha de ser completo tiene que ser purificado primero por el agua y después por el fuego. Por el agua, para que todas las partes falsas se separen. Por el fuego, para que todo lo heterogéneamente separado se purifique. El agua separa, el fuego une.

El V agua es el principio.

El Δ fuego es el final de la purificación.

Existe un agua terrenal y un fuego terrenal. Este agua terrenal purifica los agregados de sus mezclas materiales que no son semejantes; el fuego terrenal une los agregados hasta convertirlos en agregados completos.

Sin embargo, la purificación que se realiza por medio del agua terrenal no conduce a los principios de las cosas, sino que solamente limpia las formas, de modo que no se produce ninguna purificación.

Asimismo, la unión que se realiza mediante el fuego terrenal no une los principios, sino solamente las formas, por ello son distintos sus productos de los productos de la naturaleza. Aquéllos se forman a partir de meras mezclas de las formas, mientras que éstos proceden de mezclas de los principios. Así, la naturaleza nos proporciona las formas primordiales de las cosas a través de la mezcla de sus principios.

La química y la alquimia reúnen esas formas primordiales según la ley de sus afinidades, mientras que, por el contrario, la naturaleza determina las formas primordiales por la ley de la atracción.

Así pues, la química o la alquimia simplemente unen, mientras que la naturaleza crea.

De este modo, la química común no tiene una solución radical, sino una división y reunión de los cuerpos en sólidos, líquidos y gaseosos. La química común tampoco dispone de una unión original, sino solamente de la composición material de los sólidos, los líquidos y los gases. La química cuenta con números superpuestos y los multiplica, mientras que la química elevada suma los principios con los números simples.

La gran pregunta es: ¿puede la química o la alquimia elevarse hasta el nivel de la naturaleza, y penetrar en lo más íntimo de los talleres de aquélla? ¿Puede hacer tangibles los principios elementales de la creación y desarrollar con ellos nuevas creaciones?

La respuesta es ¡sí! El ser humano puede penetrar en lo más íntimo de la naturaleza, contemplar sus talleres secretos y servirse de sus principios para conseguir nuevas creaciones. Esta disciplina es la más completa de todas las ciencias, y se denomina la ciencia regia, porque reina sobre todas las demás artes. Esta ciencia es desconocida para las personas, que se aferran constantemente y en todas partes a la apariencia multiforme de las cosas mientras que son incapaces de comprender la sencillez de la naturaleza. Esto es así porque lo multiforme sólo comprende lo multiforme y lo sencillo sólo comprende lo sencillo. La línea puede medir un punto, pero el punto es la única medida de un punto.

El ser humano sólo es capaz de contar cuando conoce la unidad de los números. Sólo es capaz de medir cuando conoce el punto del que parten todas las líneas. Sólo puede formar y crear en la naturaleza si conoce la unidad de la naturaleza.

Existen cuatro mundos:

El divino
El espiritual
El elemental
El mundo de los cuerpos
El mundo divino es la fuerza primordial de todos los seres corporales e intelectuales.

El mundo espiritual es el mundo de las fuerzas intelectuales, inmediatamente surgidas de la fuerza primordial; es el mundo de las inteligencias.

El mundo elemental es el mundo de los principios.

El mundo corporal es el mundo de las apariencias materiales.

Cada mundo tiene su unidad, que se divide en tres seres distintos.

El mundo divino tiene el Padre, el Hijo y el Espíritu Santo.

El mundo espiritual tiene la omnipotencia, la sabiduría y el amor.

El mundo elemental tiene el fuego y la luz, así como el espíritu que surge de los principios del fuego y la luz.

El mundo físico tiene el fuego terrenal, la luz terrenal y el espíritu resultante de ambos, el aire.

Todos los mundos se hallan interrelacionados, y cada uno de ellos está subordinado a los que le son superiores.

El mundo físico está sometido a la constante presión del mundo elemental.

El mundo elemental está sometido al espiritual.

El mundo espiritual está sometido al divino.

El mundo divino es el círculo interior, que traspasa con sus radios a los demás mundos, que existen gracias a él. Todos estos mundos se rigen por la voluntad de Dios. Para comprender esto, bastará con que nos fijemos en los seres humanos.

Los seres humanos son la imagen de los cuatro mundos.

Su ánimo es la imagen del mundo divino.

Su entendimiento es la imagen del mundo espiritual.

Su ser interior es la imagen del mundo elemental.

Su cuerpo es la imagen del mundo material.

La simple voluntad del ser humano puede poner en movimiento todos estos mundos al mismo tiempo.

El ser humano piensa, quiere, desea y actúa en un instante.

La imaginación hace surgir una voluntad análoga a ella; la voluntad hace surgir un afán análogo a ella; el afán provoca una actuación que le corresponde, así como una forma, una imagen.

Así es el ser humano, un pequeño mundo, incluso un pequeño Dios a través del componente divino de su ser, a través del aliento divino.

De la misma manera que todos los mundos pequeños obedecen a la voluntad del pequeño Dios, todos los grandes mundos obedecen a la voluntad del gran Dios.

Los cuatro mundos forman, al mismo tiempo, un gran templo.

El mundo divino es el sanctasanctórum.

El mundo espiritual es el tabernáculo.

El mundo elemental es el templo.

El mundo material es el atrio de entrada.

A partir de todos estos hechos podemos ver que el ser humano, que contiene los cuatro mundos en pequeño, debe necesariamente poder entrar en contacto con los cuatro grandes mundos. Está unido al mundo material por su cuerpo. Está unido al mundo elemental por su ser interior y elemental, o espíritu animal, que le une al espíritu de la naturaleza. Está unido al mundo espiritual por su entendimiento. Finalmente, está unido al mundo divino por su ánimo *(unitas interna)*.

En el mundo corporal, tomemos como inherentes al ser humano la materia de los sentidos, y como exterior a él la atracción de los sentidos. La acción de la atracción de los sentidos sobre la materia de los sentidos hace surgir la sensualidad, que es el nexo de unión de la persona sensual con el mundo de los sentidos.

En el mundo elemental, tomaremos como inherente a la persona su materia vital, y como exterior a ella la atracción vital.

La acción de la atracción vital sobre la materia vital da lugar al espíritu de la vida elemental, por el cual el ser humano está ligado al mundo de los elementos.

En el ámbito del entendimiento, o mundo intelectual, tomaremos como inherente a la persona la materia del entendimiento y como exterior a ella la atracción del intelecto o de las ideas. La acción de estos elementos intelectuales da lugar a un ser intelectual al que llamamos espíritu, y que es el nexo de unión de la persona con el mundo intelectual o espiritual.

El mundo divino de los seres humanos está en su ánimo o alma. El ánimo representa en él la unidad como materia divina y fuera de él la atracción divina, la belleza que encierra todas las bellezas. La acción de la atracción divina sobre la materia divina de la persona hace surgir un ser espiritual divino a través del cual el ser humano está ligado a Dios.

Cada mundo está gobernado por un espíritu.

El mundo divino se rige por el espíritu de la divinidad, el Espíritu Santo que emana del Padre y del Hijo.

El mundo intelectual se rige por el espíritu que emana del amor y de la sabiduría.

El mundo elemental está gobernado por el espíritu elemental que surge de los principios del fuego y de la luz.

El mundo corporal está regido por el espíritu que surge del fuego visible y tangible y de la luz visible y tangible. Así como los mundos se relacionan y ordenan de este modo, así se relacionan los respectivos espíritus de los mundos en orden decreciente.

1. El espíritu divino
2. El espíritu intelectual
3. El espíritu elemental
4. El espíritu físico

Y en orden ascendente:
4. El espíritu físico
3. El espíritu elemental
2. El espíritu intelectual
1. El espíritu divino

Los espíritus son las fuerzas del mundo.

La fuerza del mundo divino es el Espíritu Santo.

La fuerza del mundo intelectual es el espíritu del entendimiento.

La fuerza del mundo elemental es el espíritu elemental o gran espíritu de la naturaleza.

En cada mundo, el espíritu se revela por la fuerza y la esencia (materia) o bien por la atracción y el estímulo.

El cuarto espíritu o espíritu mutuo es un ser intermedio que surge del fuego y la luz materiales, una materia intermedia.

El espíritu elemental es un ser intermedio que surge del Sol y la Luna.

El espíritu intelectual es un ser intermedio que se deriva del amor y la sabiduría.

El espíritu divino es la esencia del amor que surge eternamente del Padre y del Hijo

Cada fuerza tiene un órgano esencial, sobre el que actúa la fuerza invisible haciendo revelarse al espíritu.

En el mundo divino, este órgano es la palabra de Dios, el Hijo en el que se expresa el Padre, que es el creador, sustentador y revelador de todas las cosas divinas.

En el mundo intelectual, el órgano es la voluntad pura en la que gobierna el entendimiento y que se expresa a través de él; la palabra intelectual.

En el mundo elemental, este ser es la palabra físicamente hablada, en la que se expresan la fuerza de la luz y la del fuego, el elemento puro, la fuerza primordial elemental.

En el mundo mutuo o material el órgano es la palabra expresada, *id est mutua,* o la materia «material» originaria.

La mayor ciencia de la más alta escuela de sabiduría consiste en saber reconocer la piedra fundamental de cada uno de los mundos. El centro, la unidad, la fuerza absoluta de cada mundo.

1. Cristo en lo divino
2. La sabiduría en lo intelectual
3. La fuerza primordial elemental en lo elemental
4. La materia primordial mutua en el mundo corporal

Éstos son los pilares fundamentales de la eternidad en el tiempo. En los dos primeros se basa el edificio de la eternidad interior. En los dos segundos se basa el edificio de la eternidad exterior. Ya que lo externo es una revelación de lo interior, el ser humano no puede llegar al conocimiento de lo exterior sin lo interior, pero tampoco puede alcanzar la totalidad de lo interior sin lo externo.

La palabra es el elemento activo en todos los mundos. Sin embargo, la palabra es triple; divina, espiritual y física.

En la palabra divina, la totalidad de la divinidad se expresa a sí misma. En la palabra espiritual se expresa la espiritualidad divina a través de Cristo. En la palabra física se expresa lo divino y lo humano.

La unión de estas tres palabras es la palabra de todas las palabras, lo divino-espiritual humano en la naturaleza.

Así, hubo un tiempo en que lo espiritual estaba subordinado a lo divino y que lo físico estaba subordinado a lo espiritual; Dios habitaba en el espíritu y el espíritu habitaba en los seres humanos. Hubo un tiempo en que existió la más íntima unión entre los mundos divino, espiritual y humano.

Esta unión fue destruida por la voluntad de los seres humanos y así se cortaron las influencias benéficas de las alturas, y con el desorden aparecieron en el mundo la miseria y la muerte.

Ese orden primigenio perdido puede restablecerse si lo divino se une con lo espiritual y lo espiritual se une a lo humano. Esta reunión de los tres mundos fue el objetivo de la redención. Sólo Cristo, la palabra expresada del Padre, el centro del mundo espiritual, el órgano puro de la divinidad a través del cual actúa toda la fuerza divina, podía llevar a cabo semejante reunión. Sólo él podía hacerlo porque, al tomar naturaleza física, podía conectar su voluntad eternamente unida a Dios con lo físico a través del cuerpo y del espíritu, elevando el cuerpo a la dignidad espiritual y, a través de esa elevación, unirlo de nuevo a Dios.

Cristo reúne de nuevo lo espiritual y lo divino a través de la sabiduría y el amor. Por medio de su carne y de su sangre, Cristo vuelve a reunir lo físico y lo espiritual. Carne y sangre son sus componentes humanos; sabiduría y amor sus componentes espirituales.

Pero ¿qué significan?, ¿qué son la carne y la sangre de Cristo?

Ésta es la pregunta a la que vamos a responder. La carne es el cuerpo dentro del que vive el ser humano y la sangre es lo que hace que el ser humano se mantenga con vida.

En la sangre se halla el calor vital, y el calor confiere el espíritu a la vida.

La carne, el cuerpo, es el recipiente, el ser físico en el que el alma habita durante su temporalidad, la carne y la sangre son los componentes del ser humano. Pero el ser humano también se compone de dos partes; el ser humano mortal y el ser humano inmortal. Teniendo en cuenta que la carne y la sangre conforman al ser humano en su totalidad, habrá que distinguir entre la carne y la sangre del ser humano inmortal y la carne del ser humano mortal.

La inmortalidad de Adán antes de la caída, así como su mortalidad después de ésta, nos convencerán suficientemente de que esta diferencia es esencial en la naturaleza.

Asimismo, podremos alcanzar alguna comprensión de esta diferencia si pensamos en la aparición que hizo Cristo ante sus discípulos cuarenta días después de su muerte.

El cuerpo con el que Jesús podía atravesar puertas cerradas era con toda seguridad distinto del cuerpo mortal, y sin embargo se trataba de un cuerpo tangible, ya que Jesús dijo a Tomás: «Toma mi mano y pon tus dedos sobre mis heridas».

Por lo tanto, si existe un cuerpo mortal y un cuerpo inmortal, deben existir también una carne inmortal y una sangre inmortal, de la misma manera que hay carne y sangre mortales.

Y son precisamente esa carne y esa sangre inmortales las que componen la corporeidad iluminada de Jesucristo, su naturaleza humana y espiritual con la que recubrirá la nuestra, mortal y corruptible.

La humanidad fue redimida por la sangre de Cristo. Esta expresión es literalmente cierta, pues esa sangre que habréis de beber y esa carne que habréis de comer os conducirán hacia la completa purificación con él.

Un cuerpo iluminado se compone de los principios puros de la naturaleza: sus componentes son el fuego, la luz y el agua. De ningún modo el fuego destructor, la luz material o el agua tangible, sino lo más sutil de esos tres elementos.

El fuego da el alma, la luz el espíritu y el agua la corporeidad. El ser así formado es el inmortal entre los mortales, el indestructible entre los perecederos.

Adán tenía un cuerpo como ése. A él le estaba permitido disfrutar de todos los manjares de luz hechos a la medida de su naturaleza.

Sólo le estaba vedado comer de un árbol. El árbol de la ciencia del bien y el mal, el árbol de la muerte. El cuerpo puro necesita alimentos puros; la inmortalidad requiere alimentos incorruptibles.

Pero como lo puro probó lo impuro, lo inmortal probó lo corruptible y se integró en ello, lo impuro cambió la naturaleza de lo imperecedero y lo material salió a la superficie. La penetrabilidad de la luz fue impedida y el cuerpo radiante se transformó en un cuerpo material hecho de carne y sangre perecederas.

Adán fue expulsado del paraíso para que no pudiera volver a comer del árbol de la vida, pues si lo hubiera hecho hubiese quedado indisolublemente unido a su cuerpo material, convirtiéndose en un animal inmortal sujeto a toda clase de miserias inherentes a su condición física.

Este árbol de la vida es algo que existe en realidad, y degustar cada fruto de él proporciona la sensación más íntima de unidad.

Con la caída, el espíritu fue tragado por la materia y la materia dominó al espíritu, mientras que antes era el espíritu el que debía dominar la materia.

Al espíritu dominado por la materia no le quedaba ningún otro medio de liberarse. Sólo un espíritu más elevado, un espíritu puro no mezclado con la naturaleza podía lograr esa liberación.

La esencia y la belleza de Dios son diferentes.

La esencia de Dios está fuera de la naturaleza.

La belleza de Dios está en la naturaleza.

La esencia de Dios se manifiesta en la belleza de Dios.

El Hijo de Dios embellece a Dios, pues es su reflejo.

La esencia y la luz, la palabra primordial, a través de la que todo se crea.

En cualquier momento, la belleza y la omnipotencia de Dios pueden reconocerse en las figuras del fuego.

El primer ser humano estaba unido a la belleza de Dios, a la luz. Dios, la sabiduría y el ser humano daban al mismo tiempo tres luces que surgían de una misma llama.

La belleza de Dios es el órgano de luz por el cual lo insoportable se hace soportable.

Y lo destructor se convierte en salvador.

Dentro de esa belleza de Dios existen la inmortalidad, la vida y la paz.

Fuera de ella existen la muerte, la angustia y la corruptibilidad.

Dios es la sabiduría por la cual se verifica todo cuanto existe en la naturaleza incorruptible. A través de él, todo se alimenta y mantiene.

Cuando el mundo paradisíaco fue creado del caos, todo estaba inundado por la sabiduría y por la claridad de la luz que todo lo penetraba haciéndolo todo inmortal.

Sólo en el centro existía una pequeña extensión con un árbol en el que se mezclaban las tinieblas y la luz, un árbol que albergaba el fruto de la muerte y que tenía dentro cosas buenas y malas a un tiempo.

Hacia este árbol llevó el espíritu de la serpiente a nuestros primeros padres y les dijo: «Vosotros creéis que sois completos, pero no lo sois; solamente conocéis lo bueno. La divinidad conoce lo bueno y lo malo. Si conocéis eso, seréis iguales que la divinidad».

Según vuestra constitución, estáis hechos para ser sólo receptivos a la luz, pero si queréis conocer lo bueno y lo malo, deberéis organizaros de tal modo que tanto lo bueno como lo malo pueda influiros.

Aquí se formó en el ser humano el primer deseo ajeno a Dios, la primera inclinación de la voluntad humana contraria a la voluntad de Dios. Se trataba del entendimiento propio del hombre, de su propia luz. La Eva primordial pervirtió primero a Adán, firmemente formado en la fe.

Adán deseó y decidió, y allí donde el entendimiento y la voluntad, el hombre y Dios, la mujer y el hombre habían sido uno, se formó la primera separación: fuego y luz, fortaleza y debilidad se dividieron en hombre y mujer.

Sólo después de producirse esta caída interior fue posible la caída exterior. En ese momento, nuestros primeros padres se habían organizado para poder probar el fruto de la perdición.

Entonces volvió la serpiente y les dijo: «Ahora vuestra organización es más adecuada para ser iguales a la divinidad en el conocimiento del bien y el mal: ¡solos!

»Siempre tendréis vuestro ser, siempre seréis alimentados por la luz, probad por una vez un alimento mezclado, un alimento en el que se encuentran juntas la luz y las tinieblas. Entonces, la experiencia os mostrará qué es lo bueno y qué es lo malo».

«Allí hay un árbol. En ese árbol se empareja el principio de la luz con el principio mutuo de las tinieblas». «Probad el fruto de ese árbol, y su sabor os transformará en seres completamente distintos».

Ese árbol era un verdadero árbol, la fruta era una verdadera fruta, en la cual las fuerzas centrales de la oscuridad superaban al principio de la luz.

Tan pronto como probaron el fruto surtió efecto su veneno.

El cuerpo orgánico de la luz del principio puro de la luz que quedó oscurecido, la materia extendida se unió; el cuerpo de luz se hizo material, divisible, mortal.

Así se hundió el ser humano desde las altas regiones del mundo de la luz hacia las profundidades mortales. Así fue como el ser humano perdió sus moradas paradisíacas.

Como estaba separado de la belleza de Dios, del resplandor de Dios, el ser humano necesariamente en manos de las tinieblas.

La oscuridad y la luz son verdaderas sustancias en la naturaleza. Sobre la oscuridad influye el genio del maligno o principio malvado. Por la luz fluye la bondad. La sensualidad y el entendimiento están juntos, en una continua lucha.

De ahí la necesidad del ser humano de subordinar la oscuridad a la luz, o la sensualidad al entendimiento puro. Sin embargo, precisamente esto era imposible para las personas caídas, ya que habían perdido la fuente primordial de luz, la sabiduría que ilumina el entendimiento.

La luz de la que disfrutan en este mundo los seres humanos es sólo un reflejo, un préstamo de los sentidos, y puede conducir al conocimiento o a la ciencia, pero nunca a la sabiduría. El ser humano perdió su dignidad espiritual y por eso ahora es sólo un animal capaz de entendimiento.

Pero la sabiduría de Dios decidió convertir de nuevo a esos hombres-animales en hombres-dioses, elevarlos de nuevo a la dignidad perdida.

Para lograr esta finalidad redentora, la sabiduría de Dios tuvo que descender por sí misma al mundo. Sólo un hombre-dios podía elevar de nuevo a los hombres-animales a la categoría de hombres-espíritus, traerles de nuevo su salvación física y espiritual, ser su salvador en el espíritu y en la naturaleza.

La belleza de Dios, la luz, el Hijo de Dios se hizo hombre.

Su finalidad espiritual era despertar la fe en él como la verdadera luz, hacer que las personas fuesen conscientes de que no era la luz del entendimiento natural, sino una luz más elevada la que los conduciría a la felicidad y a la paz.

El Salvador quería que los hombres supieran que la sabiduría no surge del entendimiento natural, sino que se gana a través de la fe y la bondad de corazón, y sólo por ellas puede alcanzarse la sabiduría misma. Enseñar esto, fortalecer esta enseñanza, era el objeto de la venida de Cristo como persona de entendimiento divino. Como persona de sentimientos divinos, su finalidad era comparable a ésta en su magnitud y grandeza. Como persona de espíritu divino. Como persona divina con sentimientos humanos. Como la luz del mundo. Su objetivo y su tarea consistía en elevar la naturaleza espiritual de los seres humanos, su naturaleza sensual. Es decir, volver a completar el mundo de los seres humanos, en el que el mundo del entendimiento y el mundo de los sentimientos se hallan separados.

Toda la naturaleza sensual del ser humano se halla en manos de las fuerzas de la oscuridad; el ser de luz, los elementos incorruptibles del cuerpo puro estaban aislados del mundo mutuo. Dar de nuevo esta incorruptibilidad al mundo, vencer la mortalidad con la inmortalidad, para lograr este fin, Cristo tomó naturaleza sensual.

Sólo María, que era la más pura sensualidad virginal, podía ser elegida por el espíritu de la divinidad. Sólo ella, la más pura, podía tomar la más pura fuerza de la luz y darle forma humana.

Cristo era también el principio más puro de la luz en la naturaleza, formado por el espíritu de Dios, la belleza de Dios que tomó forma humana.

Cristo tomó forma humana para morir por nosotros, para que la fuerza de la luz pudiera hundirse en lo más profundo de la tierra con su sangre derramada, para hacer que todo lo que estaba muerto volviese a la vida. Ya en el mismo momento de su muerte se manifestó la fuerza que todo lo penetra que había estado contenida en la sangre del que fuera su cuerpo de luz. Las montañas se resquebrajaron, los muertos se levantaron de sus tumbas y la fuerza de su luz penetró hasta lo más profundo de la Tierra. El Sol quedó momentáneamente oculto por el poder de la oscuridad, que huyó de la Tierra ante la centelleante esencia luminosa del Salvador.

Cuando hubo completado su misión, se levantó de entre los muertos con toda gloria y reapareció entre los suyos cuarenta días después de su muerte antes de elevarse a los cielos.

Así como el ser humano cayó por ello en manos de las tinieblas; así alcanzará el ser humano la inmortalidad con un verdadero disfrute del fruto del árbol de la vida.

Y del mismo modo que el espíritu de la perdición hizo conocer a Eva el árbol y el fruto que contenían la muerte, el espíritu de Dios mostrará a los elegidos el árbol y el fruto de la vida para que gusten de él y sean de nuevo inmortales.

La religión consiste en este único y gran misterio de la redención, que se nos revela de una manera meramente simbólica en todas las ceremonias y representaciones religiosas.

Por medio de éstas y de los sacramentos, la religión enseña a creer en los misterios sagrados, que el espíritu de Dios revelará a los elegidos al final de los tiempos.

Cristo es el salvador del mundo. No sólo redimió a las personas espiritualmente, es decir, que salvó su alma de la condenación, sino que también salvó a la humanidad de la muerte en su corporeidad.

Con la caída, Adán no fue el único que hizo infeliz a su ser espiritual: además condenó a todo el resto de la humanidad a la miseria corporal y espiritual.

Toda esta miseria queda mitigada por la intercesión de Jesucristo, porque él no es sólo el salvador y redentor de los espíritus, sino también el redentor del mundo.

La victoria de Cristo sobre las tinieblas no sería completa si la luz no pudiera anular todas las consecuencias de la oscuridad y del mal.

El modo en el que se realizará todo esto lo enseñará el espíritu de Dios, el consolador del mundo, a sus discípulos.

VI

SOBRE LA REALIZACIÓN MORAL DE LOS SERES HUMANOS

El ser humano no puede pensar sin que se produzcan en él modificaciones, y ninguna modificación puede producirse sin movimiento. Ningún movimiento se produce sin que, a través de ese movimiento, se dibuje una forma. Si el ser humano piensa en el orden, su espíritu se moviliza hacia el orden, se mueve en busca de orden y construye una forma ordenada.

Toda forma ordenada lleva la impronta de la belleza, y la belleza atrae, despierta inclinaciones y deseos de poseerla. Del ideal de orden se forma una inclinación hacia el ideal y la inclinación se ordena como la idea. El movimiento del deseo se hace regular y ese deseo regular da también forma a la voluntad.

La comprensión y la voluntad regulares producen entonces una independencia regular de nuestro ser, una independencia de la que nace la fuerza y el poder. Todas estas cosas ocurren en un ámbito esencial.

Nuestra capacidad de comprensión, nuestro entendimiento, es una luz interior. Si las cosas y los objetos exteriores resultan visibles gracias a la luz exterior, los objetos interiores se hacen visibles mediante la luz interior. El orden y la concentración en el pensamiento hacen que la luz interior sea más clara. Esa luz nos baña directamente en su orden esencial y las sombras y los errores desaparecen del espíritu. Llega el mediodía del entendimiento. En ese estado, los objetos se nos aparecen tal como son en el orden de su desnudez y unidad, como graciosos dones de la cosa.

La belleza de ese momento atrae nuestra voluntad, nuestras inclinaciones se suavizan. El fuego destructor de las penalidades se transforma en un calor suave y penetrante, a la temperatura justa.

Nos hundimos en el ideal, que queda fecundado por nuestro amor y produce el espíritu, el hijo de la sabiduría y del amor, el hijo del alba, el hijo de la fuerza y del poder.

Dios, que es la fuerza originaria de todas las fuerzas y el manantial de todos los seres pensantes, no podría concebir una realización tan perfecta como él mismo. Esa idea de la propia realización era el ideal de sí mismo, en el que se volcaba todo su ser para hacer surgir de ese segundo «Yo» un tercero.

De la misma manera, la fuerza del poeta contempla la idea de su poder creador para luego volcarse en ella y desarrollar el poema.

La divinidad se contempló en sí misma, en su esencia, y a través de esta contemplación y reflexión eternas existen infinitos seres. De este modo, la fuerza se pierde siempre en la esencia y la esencia en la fuerza y ambas forman el infinito.

Así, la fuerza forma su propio órgano y la forma, que en su actuación consta de tres seres distintos y en la forma es sólo uno, pues toda fuerza es una tríada en su actuación y una mónada en su realidad.

La realidad, la existencia sin potencia para actuar es, a su vez, el *Nonens*, que se denomina también actuación sin resultado.

Tres en uno y uno en tres es la fuente de toda fuerza.

La unidad en reposo es igual a 1.

La unidad en movimiento es igual a 3. 1 x 1 es 1 = 3 sin dejar de ser 1.

La unidad es una inmovilidad de la que surge todo movimiento, porque en lo inmóvil existe todo lo móvil y en lo eterno todo lo temporal.

Pero todo lo que es temporal es móvil, porque el movimiento es la expresión del transcurso del tiempo.

Y lo que se mueve debe ser movido por algo y moverse en el interior de algo.

Lo que mueve es siempre mayor que lo que se mueve.

Por ello, lo móvil y lo movido tienen dos naturalezas distintas.

Entre el reposo y el movimiento. Entre la fuerza y la no-fuerza. Entre el 1 y el 0.

Entre la energía y la dimensión/extensión se halla todo.

Entre el 1 y el 0 existen todos los números, pero sólo existen 10 números en la naturaleza.

Todas las fuerzas aparecen y existen entre la fuerza y la no-fuerza.

Todos los colores entre la luz y la no-luz.

Todas las figuras entre el punto y la periferia.

Todo entre el principio y el fin, o entre la eternidad y el tiempo.

La completa realización de un ser humano se basa en la relación armoniosa de todas sus fuerzas.

Bajo el entendimiento ordenado tienen que darse la voluntad ordenada y la autoconciencia.

Para alcanzar esta completa realización, el entendimiento debe tener una referencia y la voluntad debe tener un ejemplo de los cuales la autoconciencia humana pueda ser imagen.

La referencia para el entendimiento está en la ley de Dios.

El ejemplo para la voluntad se halla en Cristo.

La imagen es el espíritu, formado de sabiduría y amor siguiendo el ejemplo de Cristo.

Ahora cabe preguntarse: ¿cómo sucede esto?

Sucede del siguiente modo: la voluntad que pone siempre a Cristo como ejemplo de sus actos se aparta cada vez más de las inclinaciones sensuales y se aproxima a lo espiritual, lo regular y lo ordenado.

Con ello, sus sufrimientos se sitúan en equilibrio, es decir, que el fuego de lo desordenado se transforma en el calor de las regulares inclinaciones hacia el bien y con ello el ser humano queda esencialmente purificado. Su sangre fluye más calmadamente, su espíritu se hace más alegre y comienza a ver los objetos y el mundo bajo una luz completamente distinta.

El espíritu de la vida se inclina proporcionalmente hacia la luz y el calor, hacia el amor y la sabiduría. El espíritu del orden también llega a su ser y lo transforma, porque de la acción de los espíritus se derivan las propiedades de las cosas, y de las propiedades se derivan en formas.

El ser humano comienza así a convertirse en una nueva criatura en su interior y, finalmente, también en el exterior. Cabe preguntarse de nuevo: ¿cómo es posible esta regeneración externa?

El espíritu interior renueva lo interno, el espíritu exterior lo externo.

Del mismo modo que el ser interior debe buscar su mejora interior en su propio interior, el ser exterior debe buscar su mejora exterior en lo externo.

En lo interior, el espíritu del orden es el espíritu divino, y a ese orden se le denomina orden mortal. En el ámbito exterior, el espíritu del orden físico es la palabra física expresada o lo divino-humano.

Este carácter divino-humano es esencia verdadera que se desprende de la luz y el calor del mundo físico y cómo la esencia espiritual interior surge de la fuente espiritual de la sabiduría y el amor que está en Cristo.

Este espíritu exterior es la auténtica corporeidad de Cristo, que tiene la facultad de hacer surgir la parte inmortal que hay en nosotros para derrotar a la parte mortal.

La manera de conseguir el espíritu interior puede servirnos de ejemplo para conseguir el exterior.

Del mismo modo que hacia el interior hemos de buscar las unidades y la unidad fundamental, también deberemos buscarlas hacia el exterior. Esto sucede, como en el caso del espíritu interior, por desaparición de los obstáculos.

Igual que necesitamos una inclinación hacia el interior, también es necesaria una hacia el exterior. Esta inclinación es una acción propicia por el calor, en la cual se sumerge la luz y se revela como un ser intermedio espiritual. Así como lo interior es el alimento del alma, lo exterior es el alimento del cuerpo.

Todo el esfuerzo de nuestra completa realización está en apartar los espacios intermedios entre Dios y nosotros, que son los que impiden la unión con él.

Esto sucede cuando nuestra alma se imagina siempre a Dios de una manera inmediata y viva y no presta atención a lo exterior, ya que la atención hacia lo exterior estorba nuestra atención hacia lo interior y de ese modo nuestra alma se aleja de Dios.

Si empezamos de una vez a dirigir nuestras inclinaciones hacia Dios, él se encarga de apartar los objetos exteriores, al tiempo que atrae todo nuestro ser hacia él.

No debemos creer que se produce aquí un apartamiento literal. Los objetos pueden quedarse donde están, pero sucede que nuestra atención ya no se fija en ellos, sino en Dios de una manera constante y completa.

Entonces podemos contemplar todas las cosas a través de Dios, es decir, con energía omnipresente, fuerza, camino recto y orden, de modo que el alma contempla, en el círculo y en su periferia, todo lo que es cambiante, movedizo, irrealizable y casual. Esto equivale a reunir el propio espíritu en el interior, o *spiritum in centro colligere*.

En nuestro más profundo interior se hallan todas nuestras fuerzas, porque en ese interior profundo está Dios.

Este interior más profundo de nuestro espíritu es la verdadera santidad, ahí reposa Dios en su unidad *implicite* y su triplicidad o *explicite* tiene que actuar en nosotros.

Si esa triplicidad se desarrolla en nuestro corazón, se desarrollan también su poder, sabiduría y amor; no podemos desear nada más que lo que es bueno, verdadero y bello, y todo tiene que obedecer a esa voluntad porque es la voluntad de Dios.

Así alcanza el ser humano la capacidad de actuar con el poder: piensa en Dios, actúa con Dios y a través de Dios lo conduce todo hacia el más elevado de los fines.

La gracia del Señor se comunica de una manera doble; por el entendimiento y por el corazón, pues las gracias son comunicaciones que llevan al entendimiento o revelaciones que recibe el corazón.

La primera manera, que afecta al entendimiento, se denomina iluminación, y la segunda, que afecta al corazón, se denomina revelación. La gracia ilumina el entendimiento y se revela al corazón.

La gracia del espíritu no puede actuar de otra manera sino mediante orígenes de movimientos. Estos orígenes de movimientos pueden ser o una mayor visión para la iluminación del entendimiento, o un don por la revelación al corazón: así, el logos eterno guía al entendimiento y el corazón.

Él, que es todo sabiduría y amor para guiarnos hacia la sabiduría por medio de la compasión; para que unamos nuestro entendimiento y voluntad con los suyos y él pueda habitar en nosotros, y nosotros en él.

La causa meritoria de la gracia de que los rayos de la sabiduría nos iluminen de nuevo y de que la llama del amor vuelva a calentarnos es Cristo. Él es el médium a través del cual la sabiduría y el amor superiores se nos comunican.

Esto es así porque Cristo representa y es al mismo tiempo la naturaleza divina y humana. Su divinidad le une a Dios y su humanidad a los hombres. Sólo él puede comunicar lo divino a los humanos y divinizar lo humano. La propia naturaleza nos demuestra esta verdad. La fuerza de la naturaleza es la tendencia a la uniformidad.

El resultado de esa tendencia es la realización y «compleción» de todas las cosas.

Ésa es también la tendencia de la naturaleza espiritual, tendencia a la uniformidad, y la más elevada realización moral como resultado de esa tendencia; la más completa purificación de nuestro entendimiento y nuestra voluntad con el entendimiento y la voluntad divinos. Ese entendimiento es sabiduría, esa voluntad divina es amor.

Hay que ver a Cristo como la fuerza que hace completo lo incompleto. Él es el salvador del mundo, pues todas nuestras miserias son causadas por la ignorancia y el egoísmo o la falta de sabiduría y el desamor.

Resulta altamente maravilloso que las verdades de la religión tengan una analogía tan grande con las verdades de la naturaleza. Precisamente por ello es cierta la frase del gran Bacon de Verulamio, que dijo que sólo un filósofo superficial se permite despreciar la religión. El filósofo que penetra en lo más profundo de la naturaleza se vuelve hacia ésta (la religión) y se maravilla ante ella.

La religión muestra un Dios que es el principio de todas las cosas.

La naturaleza muestra una materia única que está en el origen de todos los seres.

La religión enseña que Dios es uno y trino a la vez. La naturaleza muestra que el principio de todas las cosas es Único y tiene una triple acción. La religión posee su símbolo sagrado, en el cual se reconocen todos sus fieles. Éste es el signo de la cruz.

También la naturaleza posee un símbolo en el cual pueden reconocerse todos aquellos que conocen verdaderamente la naturaleza; y ese signo puede expresarse también con una cruz y contiene la fuerza, el órgano y la forma al igual que la cruz de la religión contiene al Padre, al Hijo y al Espíritu.

La religión tiene cinco partes principales, con las cuales enseña a sus fieles todo lo que es necesario para el conocimiento de la fe.

La naturaleza tiene también cinco partes principales con las que revela a quienes la estudian todo lo que es preciso para conocerla.

La religión enseña la justicia del Padre, la sabiduría del Hijo y el amor del Espíritu.

De forma análoga, la naturaleza nos muestra la fuerza del fuego, la belleza de la luz y la bondad del calor que surge del fuego y la luz.

La doctrina de la naturaleza nos muestra –mediante la analogía de los 12 estados– cómo lo incompleto o lo inacabado se elevan basta lo completo y realizado.

La religión tiene sus sacramentos y sus remedios.

También la naturaleza tiene sus sacramentos y sus remedios.

La religión tiene 10 mandamientos para la gran obra de la creación.

Y la naturaleza tiene 10 mandamientos para la gran obra de la más alta realización de los seres.

La religión nos muestra al ser humano-divino-salvador, su encarnación como ser humano, su sufrimiento y su gloriosa resurrección.

La naturaleza nos muestra un salvador físico, su encarnación, su muerte a manos de la materia que le es adversa y su gloriosa resurrección por el dominio de su espíritu.

La religión nos enseña la pureza y la virginidad de María, la madre de Dios, que concibió del Espíritu Santo.

La naturaleza también nos muestra una forma virginal, la madre del salvador físico de la naturaleza, concebido por el más puro espíritu natural.

En una palabra, todo lo que se enseña en la religión halla su tipo análogo en la naturaleza, y la religión y la naturaleza están tan estrechamente emparentadas que no se pueden conocer jamás los más profundos misterios de la naturaleza sin conocer al mismo tiempo las verdades de la fe.

Espero que esta pequeña analogía que he establecido entre la catequesis de la religión y la catequesis de la naturaleza dé mucha luz a quienes busquen la verdad. Ha sido escrita solamente para corazones íntegros y orientados hacia la búsqueda de la verdad, no para los embaucadores filosóficos que, hinchados por sus sentidos y su entendimiento egoísta y con la exagerada pompa de su supuesta filosofía, nunca conseguirán pasar por la estrecha puerta del templo de la sabiduría.

He escrito esta analogía para mostrar a quienes buscan la verdad que existe una completa armonía entre lo espiritual y lo físico, y que la única causa de que algunos se burlen de la religión es la ignorancia en el conocimiento de la naturaleza.

Si en la naturaleza encontramos tan grandes y asombrosas verdades, ¿qué prodigios aún mayores no hallaremos en el mundo trascendente? En ese mundo trascendente sólo nos guía la fe, pues los sentidos y el entendimiento no bastan para comprender lo que está por encima de los sentidos. Y así será hasta que se abra nuestro ojo interior y la fe se haga viva en nosotros.

ÍNDICE

La Nube sobre el Santuario es la obra más conocida de Karl von Eckartshausen, maestro indiscutible de la Tradición Occidental. Este ilustre filósofo, alquimista y cabalista alemán del siglo XVIII perteneció a una hermandad cristiana oculta, relacionada con la Fraternidad Rosa+Cruz a la que dirigió las cartas que componen este libro. En ellas se tratan los temas más importantes del esoterismo cristiano y se revelan misterios esotéricos destinados sólo a los iniciados.

Según Eckartshausen la verdad absoluta no existe para el hombre de los sentidos, sino que pertenece al hombre interior y espiritual, dotado de un sentido capaz de percibirla. A lo largo de estas cartas el autor explicará cómo se llega al conocimiento de este hombre interior.

PARA DEMOSTRAR LA ANALOGÍA DE LAS VER-
DADES DE LA NATURALEZA CON LAS VERDADES
DE LA FE *El Catecismo de la Química superior* de Karl von
Eckartshausen es uno de los textos más curiosos de la alquimia cristiana de finales del siglo XVIII y principios del
XIX. En forma de compendio, el autor expone algunas de
sus ideas metafísicas más importantes, intentando conjugar
las enseñanzas de la naturaleza con los arcanos de la alquimia y los misterios de la fe. Este libro, inseparable de *La
nube sobre el santuario*, contiene el famoso Padrenuestro de
los hijos de la Luz, publicado por primera vez en castellano
en esta edición. Místico, alquimista y científico innovador,
Karl von Eckartshausen ha dejado una obra escrita impresionante que poco a poco será recuperada por Ediciones
Obelisco en esta colección.